Copyright © 2020 by SBRT Notebooks

All rights reserved

For any suggestions or questions regarding our books, please contact us at:
sbrt.notebooks@gmail.com

Your voice is important:

Please support us and leave a review!

HOW TO PLAY

1) Find all the listed words inside the puzzle grid.

2) Words are hidden in straight line and may run horizontally, vertically, diagonally.

3) Words may overlap or intersect.

Let the search begin!

Calendario

```
A Y E R D F H S L T D E C A D A S P
M U Q N O C H E U K X V N D L W O U
E N L V D M F G N Z C J H P U S E M
D U T X D I G U E Z D Z U O H N F H
I B J M O E D N S I H F E E R O N V
O M E E M R R D N O B X G D V A Y I
D I O S I C X O O A M A N E C E R E
I N V S N O L I U T S E M A N A S R
A U A W G L V S A B A D O M D I A N
R T W K O E J L F E C H A Y J U M E
G O L L Q S M A R T E S Q W I P Y S
T E N L V M B D T A R D E D R Y X I
```

AMANECER	HORA	MES	SEMANA
AYER	HOY	MIÉRCOLES	TARDE
DÉCADA	JUEVES	MINUTO	VIERNES
DÍA	LUNES	NOCHE	
DOMINGO	MARTES	SÁBADO	
FECHA	MEDIODÍA	SEGUNDO	

Ciudades de España

```
S Y L E O N D M Y Z R S D H M A M U
E T C J S P B W D M V A K R A D Z B
V U R R A A A C X A C L V T L A A U
I M G O N M R O O D A A A A A A R R
L U I T T P C R V R D M L R G P A G
L R R O A L E D I I I A E R A W G O
A C O L N O L O E D Z N N A K F O S
M I N E D N O B D M O C C G L U Z N
P A A D E A N A O B Q A I O U V A D
V J P O R I A O J D N U A N R C Y Y
B I L B A O A L M E R I A A X P F I
H U E S C A Y U E G R A N A D A R V
```

ALMERÍA	GIRONA	MURCIA	TARRAGONA
BARCELONA	GRANADA	OVIEDO	TOLEDO
BILBAO	HUESCA	PAMPLONA	VALENCIA
BURGOS	LEON	SALAMANCA	ZARAGOZA
CÁDIZ	MADRID	SANTANDER	
CÓRDOBA	MÁLAGA	SEVILLA	

Cuerpo Humano

```
B K H C F M T K E N A R I Z X Z O K
A N E N E N A T T S U M P K L X Q R
R F B S U R C N R K T Z N L A D C O
B P I I P Z E X O C D O E M B R A D
A O G E R I H B N K P I M U I E B I
B R O L P C N O R B I C E A O N E L
R E T U I R A I M O E Z M N G Q L L
A J E X E O J R L B Q F U L T O L A
Z A M S R N J T A L R W S G T E O D
O Q C Z N J E O R L A O L W N B F F
T W P O A P N M U E S P O A A I I O
V M G K K B O C A Q C A B E Z A Q J
```

BARBA	CARA	LABIO	PIE
BIGOTE	CEREBRO	MANO	PIERNA
BOCA	DIENTE	MUSLO	RODILLA
BRAZO	ESPINILLA	NARIZ	
CABELLO	ESTÓMAGO	OJO	
CABEZA	HOMBRO	OREJA	

Safari

```
H N X F O C A N G U R O J I S B C J
E A J P F H A C O Y O T E E H U G A
F N I A O I G A X A P Z E L I F P G
X T R N M M U O V Z E H S E E A A U
A I A T C P I F R N N O C F N L N A
T L F E K A L L X I C U O A A O D R
L O A R Y N A M E Z L W R N U Q A T
I P U A X C C U N O R A P T I I R E
N E U D U E L N B J N Q I E F C A L
C T I G R E A H I P O P O T A M O L
E F E C A M A L E O N J N H J G C U
Z T E C O C O D R I L O M Z C N K P
```

ÁGUILA	COCODRILO	HIENA	PANDA
ANTÍLOPE	COYOTE	HIPOPÓTAMO	PANTERA
BÚFALO	ELEFANTE	JAGUAR	TIGRE
CAMALEÓN	ESCORPIÓN	JIRAFA	
CANGURO	FOCA	LEÓN	
CHIMPANCÉ	GORILA	LINCE	

Profesión

```
O N T G U F W R O Q J O Y E R O E A
N D B M P A A F E Z D M Z W M T S B
I E A A A R C G O L A D W I M P C O
N N N R N M A C R T O P K L J I R G
G T Q I A A R V A I O J A B J N I A
E I U N D C N F Y M C G E T R T T D
N S E E E E I U M W A U R R E O O O
I T R R R U C F O F F R L A O R R X
E A O O O T E B J T J S E T F D O F
R U E F S I R S C H O F E R O O X M
O M E D I C O Y U B G N W W O R A H
C A G E P O G X R E P O R T E R O L
```

ABOGADO	DENTISTA	MARINERO	REPORTERO
AGRICULTOR	ESCRITOR	MEDICO	ZAPATERO
BANQUERO	FARMACÉUTICO	PANADERO	
CAMARERO	FOTÓGRAFO	PINTOR	
CARNICERO	INGENIERO	RELOJERO	
CHÓFER	JOYERO		

En Aeropuerto

```
T V U E L O S O B R E V E N T A Z S
R L L E G A D A S Q J M S M Y B B K
I D P O C O N E X I O N X V M Y D E
P E Q M T U R B U L E N C I A S R Q
U S A N H P U E R T A H O V E X E U
L P D M L S O B R E P E S O M K T I
A E U A O O C I N T U R O N F D R P
C G A L O U G A V I O N J V S C A A
I A N E E H L A T E R R I Z A R S J
O R A T S A L I D A S P I L O T O E
N C F A G G Y T N J R E S E R V A O
H A N O T I O C A Z A F A T A C Z Z
```

ADUANA	DESPEGAR	RESERVA	TURBULENCIAS
ATERRIZAR	EQUIPAJE	RETRASO	VUELO
AVIÓN	LLEGADAS	SALIDAS	
AZAFATA	MALETA	SOBREPESO	
CINTURÓN	PILOTO	SOBREVENTA	
CONEXIÓN	PUERTA	TRIPULACIÓN	

Verano

```
N S R S N A V E G A R I T E S G C V
A M C T O M A R E L S O L J W X A A
D O B U C E A R M B K R P Q X D L C
A H E L A D O V I A J A R G Y X O A
R M L P M A R H Z O R I L L A O R C
P L A Y A C A M P A R B I K I N I I
X F R U T A H Z V S M F F E O W Q O
W P A N T A L O N E S C O R T O S N
Z I J H N Z A P A R Q U E T M K E E
A I R E A C O N D I C I O N A D O S
E J V E N T I L A D O R S W Z Q T T
O J Q S A N D A L I A S A R E N A F
```

ACAMPAR
AIRE-ACONDICIONADO
PANTALONES-CORTOS
ARENA
BIKINI
BUCEAR
CALOR
FRUTA
HELADO
MAR
NADAR
NAVEGAR
ORILLA
PARQUE
PLAYA
SANDALIAS
TOMAR EL SOL
VACACIONES
VENTILADOR
VIAJAR

Lugares

```
C M E S C R M E R C A D O A N T A B
E U S Z X E B M K T X Y G E B O L Q
R S T P B S B G Y I D P A R I C M N
V E A L F T V I A E U A S O B A A N
E O D I O A P B R N K N O P L F C E
C R I B F U R O M D M A L U I E E S
E P O R I R H M L A R D I E O T N C
R C N E C A Z E A I B E N R T E F U
I Z H R I N E C P C C R E T E R R E
A L E I N T M H X F I I R O C I F L
P R B A A E M W C S J A A X A A N A
B A N C O S F P H O S P I T A L P X
```

AEROPUERTO	CERVECERÍA	HOSPITAL	PANADERÍA
ALMACÉN	ESCUELA	LIBRERÍA	POLICÍA
BANCO	ESTADIO	MERCADO	RESTAURANTE
BIBLIOTECA	FARMACIA	MUSEO	TIENDA
CAFETERÍA	GASOLINERA	OFICINA	

Pasatiempos

```
P Y P E W E Z P I N T A R N R A V F
E B A S R S T G B B S J Y R D C W K
S C T C E Q B C H X K U J Z I T D N
C A I R L U P A O V S M Y B B O O A
A N N I A I B A L C I C B U U D R D
R T A B J A U U S L I A O B J N M A
X A R I A R C G T E A N J R A L I R
K R T R R S E O O J R R A A R E R L
W C R O S Y A L C W O A B R R E Z F
W O A R E E R F A T J U G A R R R I
K L H I N E R L R P Y L W D G A W F
S N X E X C U R S I O N I S M O B W
```

BALLAR	DORMIR	LEER	RELAJARSE
BUCEAR	ESCRIBIR	NADAR	TOCAR
CANTAR	ESQUIAR	PASERA	VIAJAR
COCINAR	EXCURSIONISMO	PATINAR	
CORRER	GOLF	PESCAR	
DIBUJAR	JUGAR	PINTAR	

Deportes

```
K P E L O T A V A S C A E R O F U K
G S Q I I K F S U R F J M T V B V B
A P A R K O U R B O X E O O A O E F
T K V A B D A R D O S R E M O I W P
L D O B R T P Y I G J F K G E X Y F
E K L B A L O N C E S T O J P H H U
T A E H U F T E N I S D E M E S A T
I R I I P X R G A L P I N I S M O B
S A B E S G R I M A B E I S B O L O
M T O Y S F O N A T A C I O N T W L
O E L T P A R A C A I D I S M O U D
M X G M O T O C I C L I S M O Q F K
```

- ALPINISMO
- ATLETISMO
- BALONCESTO
- BEISBOL
- BOXEO
- DARDOS
- ESGRIMA
- FUTBOL
- KARATE
- MOTOCICLISMO
- NATACIÓN
- PARACAIDISMO
- PARKOUR
- PELOTA VASCA
- TENIS DE MESA
- SURF
- VOLEIBOL
- REMO

Capitales de Europa

```
H B E L G R A D O S K R D O Q D S G
L V A R S O V I A V A S I U S J M S
D A E N P E U V N B T R B G B L I J
U B V J A K S L I S B O A R A L O Q
B Z U A A M S T E R D A M J N H I R
E S A D L L E L O V T B Y P E J Q N
R O L G A E I Z Y C I A Y B A V Z F
L F L X R P T Z R F O E L D F R O U
I I J S F E E A L O R L N L O E I M
N A G U L J B S A A M Y M A I N A S
A T E N A S Q I T Y O A K O C N L Q
W L O N D R E S U G M O S C U A Q R
```

ÁMSTERDAM	ESTOCOLMO	PARÍS	VARSOVIA
ATENAS	LA VALETA	RIGA	VIENA
BELGRADO	LISBOA	ROMA	ZAGREB
BERLÍN	LONDRES	SARAJEVO	
BUDAPEST	MOSCÚ	SOFIA	
DUBLÍN	OSLO	TALLIN	

Palabras de Uso Cotidiano

```
P A I S N Q D O B R A C A R A R Q X
J M Q S A J H P Z B V M M N U Z Y M
R U R T T D R B H O X K A A G U A N
O E C D U Z S R O C A N V R D W W U
S R F J R E R A D A M G U M E R K B
T T C S A A I Z T V O S U M H J E E
R E X F L Z D O N H R G D S E G O K
O A T B E E E R M I R A D A I R J F
Y C M X Z I A K Q X Q O A V V T O J
O D M E A G M Y C G J R R Z B C I U
F P F H U P A Z C H M O J G K O B O
D A D O J P A I R E A C D O P F A I
```

AGUA	DADO	NATURALEZA	PAZ
AIRE	IDEA	NUBE	ROSTRO
AMOR	MADRE	NUMERO	SITIO
BOCA	MAR	OBRA	
BRAZO	MIRADA	ORO	
CARA	MUERTE	PAÍS	

Emociones

```
X T V I A R M O N I A V H H D E F P
S H A N S I E D A D D U E L O E O E
Y Z L P Y F G S O B E R B I A N R T
J S D I G N I D A D L S L S O C T P
C A L M A P A M O R P A V O R A A Q
F A S T I D I O W T E R R O R N L V
F U R I A E N T U S I A S M O T E A
G C O N F U S I O N B X A F Q O Z B
O M W A E S P E R A N Z A R S D A U
X H U M I L D A D K X P I X R V M S
D J Z G E N E R O S I D A D M R N O
R E C H A Z O J D H Y F E R V O R U
```

ABUSO	DIGNIDAD	FERVOR	RECHAZO
AMOR	DUELO	FORTALEZA	SOBERBIA
ANSIEDAD	ENCANTO	FURIA	TERROR
ARMONÍA	ENTUSIASMO	GENEROSIDAD	
CALMA	ESPERANZA	HUMILDAD	
CONFUSIÓN	FASTIDIO	PAVOR	

Flores

```
G Z R W Y A Z M X W C H C Z T Z M M
A F C G T I R X V C I O A F V G B A
T R A L E H O B W R C R M N I L R R
U E L D U R S C I M L T P A O A O G
N S A L A V A N D A A E A M L D M A
A I R W L P S N A G M N N A E I E R
E A K D U F J A I N E S I P T O L I
J S P E O N I A S O N I L O A L I T
T U L I P A N E S L S A L L S O A A
M T D A L I A S L I G S A A C I I S
S V E Z A N T T K A Y I S E H R Q C
W Z P E T U N I A H B R E Z O N K T
```

AMAPOLA	DALIAS	HORTENSIAS	ROSAS
BREZO	FRESIA	LAVANDA	TULIPANES
BROMELIA	GATUÑA	MAGNOLIA	VEZA
CALA	GERANIOS	MARGARITAS	VIOLETA
CAMPANILLAS	GLADIOLO	PEONÍAS	
CICLAMEN		PETUNIA	

Primavera

```
B E V M A R I P O S A C R E C E R P
I A N A C O N E J O R D I L L R V A
W W O A R C O I R I S T A L Y M I J
R A B E J A O N N H Y V X U N A E A
A G S O L E F M G A K V O V D R N R
U V G O T A S D E L L U V I A I T O
Q S E M I L L A S T N G K A L Q O N
R I K N W H O J A F A J I P N U E Q
C A R A C O L N O B Y N R L A I B B
V W T S T W P A R A G U A S E T D A
X M W R A N A W W F L O R K R A P O
S L W D E R R E T I R J D O F Y P K
```

ABEJA	DERRETIR	MARIPOSA	RANA
ARCOÍRIS	FLOR	MARIQUITA	SEMILLAS
CARACOL	GOTAS DE	NIDO	SOL
COMETA	LLUVIA	PÁJARO	VIENTO
CONEJO	HOJA	PARAGUAS	
CRECER	LLUVIA	PATO	

Sevilla

```
A Q A B C O L O N J C L L K C G E A
R M A F E R I A D E A B R I L U P N
G A N W M M I G L E S I A S B A A C
A E D B I H G C I E C N K I A D R A
Z S A P L A Z A S R O H K P R A Q T
P T L R E A L A L C A Z A R R L U E
A R U H K O M I P Q N I Q N I Q E D
C A C F W C J T T E T F K K O U S R
H N I Y Q S E T A S I Y R N W I I A
O Z A G I R A L D A G Y T N B V M L
Z A U S A N T A C R U Z A N W I Z G
S H T O R R E D E L O R O M T R I M
```

ANDALUCÍA
BARRIO
CASCO ANTIGUO
CATEDRAL
COLÓN
FERIA DE ABRIL
GAZPACHO
GIRALDA
GUADALQUIVIR
IGLESIAS
MAESTRANZA
PARQUES
PLAZAS
REAL-ALCÁZAR
SANTA CRUZ
SETAS
TORRE DEL-ORO

Semana Santa

```
P I L I X L H D Q R A M O S N P M C
R X H B D I S Z C L A V O S F E I E
O C G Y A B W N J J P Y D X D N S N
C U O V I E R N E S S A N T O T A I
E A L M O R J G W C R U Z J M E M Z
S R O J X A R O S C A B Q X I C C A
I E S U I C G E G I P T O U N O H D
O S I D X I Y R H U E V O S G S K T
N M N I L O Y K G C O N E J O T Y W
E A A O I N M I E R C O L E S E U F
S M S S X Z C H O C O L A T E S T C
H V R D R R E S U R R E C C I O N E
```

CENIZA	DOMINGO	MIÉRCOLES	RESURREC-
CHOCOLATE	EGIPTO	MISA	CIÓN
CLAVOS	GOLOSINAS	PENTECOSTÉS	ROSCA
CONEJO	HUEVOS	PROCESIONES	VIERNES-
CRUZ	JUDÍOS	RAMOS	SANTO
CUARESMA	LIBERACIÓN		

Adverbios

```
L D D I F I C I L M E N T E B J M Q
Z L J U N T O W G U U K D M A S P D
H N U N C O M O Y U Z J G H S A I E
E H D E T R A S R P M G T P T L A M
N X E B G O S A B P Q E C D A R C A
F U B T C O D X X Z P J A E N K A S
R I A A E N B A B I B I N S T I S I
E Y J R B U N N V N Z E O P E G O A
N A O D I N F A B I U G C U O U Y D
T J F E E C N N D J A A H E Z A B O
E Y D G N A W K S A B L E S K L Q D
V I W M A P R I S A H Z W S O L O J
```

ACASO	DEBAJO	IGUAL	SOLO
ANOCHE	DEMASIADO	JUNTO	TARDE
APRISA	DESPUÉS	LUEGO	TODAVÍA
BASTANTE	DETRÁS	MAS	
BIEN	DIFÍCILMENTE	NADA	
COMO	ENFRENTE	NUNCA	

Idiomas

```
S A S T U R I A N O L A P O N O V I
S E R B I O E S L O V A C O E O Q P
M O N T E N E G R I N O A N L B C P
J H M A L T E S E H N W A Y M Y A O
I R C O R E A N O N F D M L A N T L
E S P E R A N T O O F V O F E J A A
R P D D B E R E B E R T R N P M L C
S I J S J P O R T U G U E S E S A O
E S T O N I O C A N T O N E S S N N
O X B S M R Z J A P O N E S T H I D
C I N G A L E S U C H E C H E N O O
C R U S O J R N I S L A N D E S M C
```

ALEMÁN	CINGALÉS	ISLANDÉS	PORTUGUÉS
ASTURIANO	COREANO	JAPONES	RUSO
BEREBER	ESLOVACO	LAPÓN	SERBIO
CANTONES	ESPERANTO	MALTES	
CATALÁN	ESTONIO	MONTENEGRINO	
CHECHENO	INDONESIO	POLACO	

Instrumentos Musicales

```
Y F Y A E F B E N D I R A C B M M Q
N C R V X R L I G K J G W P O A R Z
A L L M I B D A C R H J P Y N R Q E
A P A A W B A L U A N C S T G I N U
O J I C V U A L I T J H O Y O M W O
C V N A O E R T A T A A F R Q B H G
A B P N N R S X E L O D B V N A B H
R T V G F O D T A R A F U A I E O U
I P A N D E R E T A I I O L N O T K
N W B A J O A X O P W A K N C Y L A
A J A R P A N G O N G S M A O E O A
E N E B Y C A R R A C A X B U W W H
```

ACORDEÓN	BENDIR	CORNO	OCARINA
ARPA	BONGO	FLAUTA	PANDERETA
BAJO	CAJA	DULCE	PIANO
BALALAIKA	CARRACA	GONG	VIOLA
BANYO	CLAVEC	LITÓFONO	
BATERÍA	CORNETA	MARIMBA	

Casa

```
R E I V K E C O B A N O R I N W L P
U Y V X E B N U Q T E R R A Z A U J
P C A G R S P D A F S O T A N O Z S
I O S V A K T P E R C O M E D O R A
S C C B X R R I P S T E C H O B Q L
C I E J U O A B B A V O S A J W P O
I N N A Y K S J C U R A W T T C M N
N A S R U Y T C E W L E N Y U R A J
A D O D B B E S H Q P O D H I D I G
Y Y R I G Z R T V B K Q N E X X I O
F L T N M K O T I M B R E S Z I S O
N K C O R R E D O R N A W T E J A G
```

ASCENSOR	CUARTO	PISCINA	TIMBRE
ATRIO	DESVÁN	SALÓN	TRASTERO
BAÑO	ESTUDIO	SÓTANO	VESTÍBULO
COCINA	GARAJE	TECHO	
COMEDOR	JARDÍN	TEJA	
CORREDOR	PARED	TERRAZA	

Comida y Bebida

```
W V A C E I T E D E O L I V A W P P
S I D R A J I F S C E I T U R D I A
C W H A R I N A A U H S H Z M A M N
X N Q X F V E U L C Z A P Y C I I E
L A P H D P G Q B A A L M E U R E C
J T W U U O V I N A G R E P C G N I
K A X E J N H V C G B B N Z A I T L
Y X M V F C A Z U C A R O E U N A L
T P D O K H L X Y P K N Y L A M J O
M C R K N E C E R V E Z A E L R O B
M A N T E Q U I L L A C A C A O P J
O R C A G U A R D I E N T E B A S J
```

ACEITE DE OLIVA	CARNE	JAMÓN	SAL
AGUARDIENTE	CERVEZA	MANTEQUILLA	SIDRA
AZÚCAR	CHAMPAN	NATA	VINAGRE
BOLLO	ESPECIA	PANECILLO	ZUMO
CACAO	HARINA	PIMIENTA	
	HUEVO	PONCHE	

A la Playa

```
H H Z L G R H I C D Y E C E F L P S
C A W I T C U X D G S C H B W P E O
A M S B W H A F D A A O I I N P L M
R A N R N A C A D F L U R Q Z L O B
T C O O L N U R Z A V O I U Y E T R
A A R S P C B E N S A W N I T A A I
O D K K A L O N H D V A G N Q M Q L
L K E I L A O A M E I E U I S A W L
Y M L R A S N J H S D M I I X R S A
R Z E T O A L L A O A C T M A R R J
S G B A N A D O R L S F O D S A P P
C A M A R A S T R I L L O O L A S T
```

ARENA	CHIRINGUITO	MAR	SALVAVIDAS
BAÑADOR	CUBO	OLAS	SNORKEL
BIQUINI	GAFAS DE	PALA	SOMBRILLA
CÁMARA	SOL	PELOTA	TOALLA
CARTA	HAMACA	PLEAMAR	
CHANCLAS	LIBROS	RASTRILLO	

Palabras al Azar

```
I L X D B A T H A S P E B P C O R F
H M A S B X M P Z D U G P A O L O D
V N P N P E I I U F Y L A I N R W K
M A Y R G J R N S P R A U T L A W G
R R N G E U K R D T R D C L I O L T
R G A O U S I A O O A E E E A N G T
G I A L S I I D D Q L D C J N R A O
F V C B M E N O O E U E X E E T F R
J Z G T B A K O N D M E N T P B E M
Z N S D U T K W L A M A N T N T G W
R E T E N S P U J O R T N A E G O H
R S X Y B A P E G O H D O B L E Z C
```

ADEMAN	BANAL	IMPRESIONAR	RICTUS
ADYACENTE	BERROQUEÑA	INDOLENTE	ULULAR
ALMA	DEJE	LÁNGUIDO	VANO
AMISTAD	DOBLEZ	PRECEPTO	
APEGO	EPILOGO	PUJO	
ATINAR	GUIÑOL	RETEN	

En Viaje

```
J O H O C V I S I T A R W X G U W V
T E A D E S A Y U N O A M E N U M E
H R B P N A R Y Z H B I L L E T E X
G E I K A U J S A L U D O S G A O P
R S T D I S P O N I B I L I D A D O
A E A C D C D E S P E D I D A C T S
C R C Q H G U I A Q V U E L T A N I
I V I S O P A S A P O R T E V U N C
A A O H T A L M U E R Z O Z U B R I
S W N Y E C A M B I A R Z J L W M O
N W E Y L M M N D Y N O M B R E H N
G N S B U E N V I A J E A I D A C C
```

ALMUERZO	DESPEDIDA	HOTEL	SALUDOS
BILLETE	DISPONIBILIDAD	IDA	VISITAR
BUEN VIAJE	EXPOSICIÓN	MENÚ	VUELTA
CAMBIAR	GRACIAS	NOMBRE	
CENA	GUÍA	PASAPORTE	
DESAYUNO	HABITACIONES	RESERVA	

Materias

```
T M A T E M A T I C A S M Z J Q F I
B I H G E O G R A F I A R C A R B N
I R C N N F I L O S O F I A U J O G
O A R Q U I T E C T U R A A R T E E
L L Y P X C O N T A B I L I D A D N
O E N C I E N C I A S F I S I C A I
G N A S T R O N O M I A D C B B M E
I G M S N G E O L O G I A G M Y E R
A U R C M I G L I T E R A T U R A I
W A J H I S T O R I A M U S I C A A
V S E C Q U I M I C A X O O K F J D
N X A R Q U E O L O G I A C K N Z V
```

ARQUEOLOGÍA CONTABILIDAD INGENIERÍA
ARQUITECTURA FILOSOFÍA LENGUAS
ARTE FÍSICA LITERATURA
ASTRONOMÍA GEOGRAFÍA MATEMÁTICAS
BIOLOGÍA GEOLOGÍA MÚSICA
CIENCIAS HISTORIA QUÍMICA

Geometría

```
T L D O J N O P A R A B O L A P S C
R M E D I A L U N A C O N O Z C E I
I P R E C T A N G U L O N P I U M R
A V C R U Z P I R A M I D E S A I C
N R Z O C W P E N T A G O N O D C U
G Y R U R E S T R E L L A T S R I L
U I Z W I N C R O M B O X G C A R O
L X X D E S Q U I N A V I C E D C Q
O P A R A L E L O G R A M O L O U J
H E X A G O N O D I B L J P E T L Q
X F O O L E L I P S E O D G S W O J
I G H I T R A P E C I O H X G B X T
```

CIRCULO	ESTRELLA	PARALELOGRAMO	TRAPECIO
CONO	HEXÁGONO	PENTÁGONO	TRIANGULO
CRUZ	ISÓSCELES	PIRÁMIDE	
CUADRADO	MEDIALUNA	RECTÁNGULO	
ELIPSE	OVALO	ROMBO	
ESQUINA	PARÁBOLA	SEMICÍRCULO	

Palabras al Azar

```
D I N A M O L D O A C O M B A R B C
A L R Y R R C I E E Q A U C O E A L
R S E P V E J V S P A S L M E I P C
B E F R J L G E P V R J R O A W U I
S N L E O O H R A L R E U H N Y R G
O O U F R J G T B E E O V R A D O W
P R J E O S H I I X N D R A A T R F
E I O C B B E R L E D O C W L R S A
R A X T A G D R A M I G M R Z E O R
A L L O R J J X R A J J U G L A R J
F J N H G E R O S E A V D X D U M W
S A L I E N T E O K A P I Y P Z P L
```

ACOMBAR	ESPABILAR	PREFECTO	SEÑORIAL
ALONDRA	JOROBA	PREVALER	SER
APURO	JUGLAR	REFLUJO	SOPERA
DINAMO	JURAR	RELOJ	
DIVERTIR	LEXEMA	RENDIJA	
EROS	OKAPI	SALIENTE	

Emociones

```
V S M Z M K M A V I Y V V V P A Z S
I X O O D S I P J N E T U A J M V X
T T T R D D E O U S A E L C V I I M
A A R A P W D Y I E L N L I Q B B G
L L S I G R O O C G E V O O I A O F
I A H U S O E Q X U G I G Z L P N E
D R F D S T B S T R R D R V U E D S
A M M J E T E I A I I I O D S G A T
D A Z V P S A Z O D A A F H I O D I
U S U M X R E D A A T T O I O A S M
M A F E C T O O O D K P N Q N N R A
P S O S I E G O X K Q H Q S U U L G
```

AFECTO	ASUSTADO	INSEGURIDAD	TRISTEZA
AGOBIO	BONDAD	LOGRO	VACÍO
ALARMA	DESEO	MIEDO	VITALIDAD
ALEGRÍA	ENVIDIA	PAZ	
APEGO	ESTIMA	SORPRESA	
APOYO	ILUSIÓN	SOSIEGO	

Mitología

```
A M E F A D A F N V K Q B P P P Q M
G J F O F H E G I O T T P V A L X E
C O V H A I E L X P L V E F N U G L
S X B V A N H R F B O M R D A T T I
Y P C M D D H E A I B S S D I O U S
J Q A S A H O Z L T N B E O F O X A
G J Q L K J E C B I I E O I R E N D
C X B O E L B R A R O Q S X D C B E
A N Q U I S E S M Y E S U K Q O O O
M A R E S F D D Q E D A Y E S M N V
L C X V E S L Z R F S W P Q Q O V L
P U S H E S T I A P M E D U S A H H
```

ANQUISES	HELIOS	NIX	POSEIDÓN
ARES	HERA	ORCO	REA
DELFINE	HERMES	PALES	TIQUE
DIONE	HESTIA	PAN	
FEBO	MEDUSA	PERSEO	
HADO	MELISA	PLUTO	

Estados de Mundo

```
J C T E S T A D O S U N I D O S C K
C E O W F K E K C Y B M E X I C O J
R G B R B H C J G R E C I A Y B F R
O I J R E G A R G E N T I N A U I V
A P U A A D G B A T I W G E T L Y
C T B I P S D L X E U O Y I V A I C
I O L X H O I E A T L S N D X N P H
A U Q C U L N L L O D G T G F X I I
Q M A R R U E C O S S S I R A G N L
M F Y F A C B G E J U R B C I M A E
D E C H I N A J Z U R R M V A A S O
C U B A Q B A H A M A S I N D I A C
```

ARGENTINA	CHILE	EGIPTO	JAPÓN
AUSTRIA	CHINA	ESTADOS	LAOS
BAHAMAS	COREA DEL	UNIDOS	MARRUECOS
BÉLGICA	SUR	FILIPINAS	MÉXICO
BRASIL	CROACIA	GRECIA	TONGA
BUTÁN	CUBA	INDIA	

En Cocina

```
S C S A V A S O K E Z C G Y W A F Y
E W T N E V E R A V E T G S C S F L
R G X N T X A J N U Z M E S A I R F
V T H O R N O W P L A N C H A L E T
I T E R E F R I G E R A D O R L G S
L O P N F P T H Z T A Z A V M O A I
L A L U E C U C H A R A V X R N D L
E L A B S D R X F T A B U R E T E L
T L T N F S O F O G O N M T S A R A
A A O A B F P R H G R I F O D W O B
Y D E S P E N S A F L I K C Q D Q I
L I B R O L A H O C U C H I L L O G
```

CUCHARA	HORNO	REFRIGERADOR	TENEDOR
CUCHILLO	LIBRO	SERVILLETA	TOALLA
DESPENSA	MESA	SILLA	VASO
FOGÓN	NEVERA	SILLÓN	
FREGADERO	PLANCHA	TABURETE	
GRIFO	PLATO	TAZA	

Escuela

```
M A E S T R O C F N P E A J Y O P W
X J H P R O F E S O R R Y W J J B T
K C R E G L A P I Z M N U L Z R I G
L S C L A S E T A R E A U E M I B R
L I E M O C H I L L A Y Q W B O L A
R H B M M C A L C U L A D O R A I P
S E P R E Y A L U M N O F K R J O A
W A C N E S L P Y D I P L O M A T D
U T L E I R T W O Y D U Q Z I O E O
Z F I O S M O R O P L U M A Y J C R
T N N V N O B V E X A M E N A C A A
E S C R I T O R I O C U R S O I W C
```

ALUMNO	ESCRITORIO	MOCHILLA	SALÓN
BIBLIOTECA	EXAMEN	PLUMA	SEMESTRE
CALCULADORA	GRAPADORA	PROFESOR	TAREA
CLASE	LÁPIZ	PRUEBA	
CURSO	LIBRERO	RECESO	
DIPLOMA	MAESTRO	REGLA	

Razas de Perro

```
O L B B L V B O R Z O I Q B X Y A P
H O O Z M A S T I N E S P A N O L S
R B X B T O S C O C K E R N M T G C
Z E E J P E R R O L O B O Q L Y O H
Z R R R A T O N E R O V I H P V L N
T O Z Q B R A C O F R A N C E S D A
F Y P K F N H W B E A G L E C X A U
L C A N D E P A L L E I R O L X D Z
C O B R A D O R D O R A D O V X O E
J N B B O Y E R O D E B E R N A R R
A Z B C X E T C H I H U A H U A O F
C K L K I P R O T T W E I L E R T R
```

BEAGLE	BRACO	COBRADOR	MASTIN-
BORZOI	FRANCÉS	DORADO	ESPANOL
BÓXER	CAN DE	COCKER	PERRO LOBO
BOYERO DE-	PALLEIRO	GOLDADOR	RATONERO
BERNA	CHIHUAHUA	LOBERO	ROTTWEILER
			SCHNAUZER

Razas de Gatos

```
V I C U R L A M E R I C A N O P X B
N M G U J A B I S I N I O E D E M A
X A W B Y A Z U L R U S O Q M R R L
U N S N O W S H O E Z W Z U Z S A I
B X C H A R T R E U X E H P Q A G N
O Q X S Q J A V A N E S F U D N D E
M K O R A T M A U E G I P C I O O S
B M N A V D T P M S I A M E S Z L L
A B O S Q U E D E N O R U E G A L Q
Y O O U Q B E N G A L I A G G L S J
N A N G O R A T U R C O C I C A T K
T W F N C H I M A L A Y O W I H J T
```

ABISINIO	BOMBAY	HIMALAYO	PERSA
ANGORA	BOSQUE DE-	JAVANÉS	RAGDOLL
TURCO	NORUEGA	KORAT	SIAMÉS
AZUL RUSO	CHARTREUX	MANX	SNOWSHOE
BALINÉS	CURL-	MAU EGIPCIO	
BENGALI	AMERICANO	OCICAT	

Baloncesto

```
A W Z P B P L C P Q T P T K F E G A
S I E A A B O W A A I E A R A D A C
E C I S N L T N N L E N B E A M V A
Q C M E Q O E P T E M E L B G A L M
U A A M U Q R A A R P T E O U C A I
I N R V I U I T L O O R R T M H N N
P A C K L E A E L N M A O E O A Z A
O S A H L A G A A D U C V Z V C A R
U T D U O R K R K D E I Q X Q A R S
S A O M S Q V Z T I R O L I B R E H
F Y R D B A L O N N T N K G Q K B A
O R E C H A Z O G M O G A N C H O F
```

ALERO	EQUIPO	PANTALLA	TABLERO
BALÓN	GANCHO	PASE	TIEMPO-
BANQUILLO	LANZAR	PATEAR	MUERTO
BLOQUEAR	LOTERÍA	PENETRACIÓN	TIRO LIBRE
CAMINAR	MACHACAR	REBOTE	
CANASTA	MARCADOR	RECHAZO	

Palabras Eruditas

```
G D I L V H E P I T A F I O W S G A
M U A N I M O K U C I N I C O L J L
J O I S D N F O L I D O Z S Z M M M
M Q R N E O J M E N T E C A T O U A
F Z Q T O R M U A P V F Q I A B S N
W Y Q H A L C I R S U A L N V P A S
Q Y G M B J Y I T I E J N R Z E R V
Q H L Q M T A J O O A C O O A R A M
I M P E T U W Y M N J J H S U E N U
E M B O Z O I O Y G W J M A O Z A J
C O N T E S T A T A R I O I R A N B
P O R T E M U S A U M E R M A R W T
```

ALMA	EMBOZO	MENTECATO	PORTE
ASECHAR	EPITAFIO	MERMAR	PUJO
ASERCIÓN	GUIÑOL	MORTAJA	SAÍN
CÍNICO	ÍMPETU	MUSA	VANO
CONTESTAT ARIO	INDÓMITO	MUSARAÑA	
	INJURIA	PEREZA	

¿Come Esta?

```
P I E K W T R I S T E Q E C S N B P
E Y M H N F J S A D E C N O O S I T
N R X P E L I O S F N A A N R E E R
S V F E R X K L O E F N M F P R N A
A H G L V E H O M L A S O U R I E N
T R A V I E S O B I D A R N E A N Q
I T H H O G F I R Z A D A D N Y F U
V B N S S K W N O C D O D I D R E I
O Q W O O F N J S N O V O D I V R L
A G I T A D O X O N A I I O D C M O
J A N S I O S O S J H D E S O Y O Q
A B U R R I D O B H O H O J Q F U W
```

ABURRIDO	CONFUNDIDO	NERVIOSO	TRAVIESO
AGITADO	ENAMORADO	PENSATIVO	TRISTE
ANSIOSO	ENFADADO	SERIA	
ASOMBROSO	ENFERMO	SOLO	
BIEN	FELIZ	SORPRENDIDO	
CANSADO	IMPRESIONADO	TRANQUILO	

Animales

```
F M F D D W Y Z A G U I L A U V C O
Q O C J I W H N M C A L C E M C A B
H L I C M S A R D I N A E B H B L A
G U E T A O C I G U E N A K E I A B
A S R B O S S Z P T Z P R E F C M O
T C V S F D T Q J L Z P O C M H A S
O O O V E J A O U C A B A L L O R A
G O R R I O N H R I L C Q V I S V H
Z O R A T O N Z J L T X Z B O L V S
B Q D Y H K Z K J Q Z O N D Z D L F
R B U R R O P O V U C A M A R O N A
J G U I T J U C S E R P I E N T E U
```

ÁGUILA	CALAMAR	GORRIÓN	RATÓN
ALCE	CAMARÓN	MOLUSCO	SARDINA
BABOSA	CASTOR	MOSQUITO	SERPIENTE
BICHO	CIERVO	OVEJA	
BURRO	CIGÜEÑA	PAVO	
CABALLO	GATO	POLILLA	

Economía

```
P C I Z I N K C H A W E C D E D X O
R O N E N R R C P G E N A E F E F M
E R T O F Q E P A O R T P M E P U E
G P E Y L G C R S T C I I O C R S R
A O R J A V E O I A R D T R T E I C
L R V D C P S P V M E A A A I S O A
I A E E I E I I O I D D L T V I N D
A C N U O O O E Z E I L I X O O Q O
S I T D N E N D O N T E S M H N Z W
Q O O A N A G A Y T O G M Q W R Z G
G N R Q T Y R D H O E A O T E J I R
D E F L A C I O N X Z L E L S Q G C
```

AGOTAMIENTO	DEPRESIÓN	INFLACIÓN	REGALÍAS
CAPITALISMO	DEUDA	INTERVENTOR	
CORPORACIÓN	EFECTIVO	MERCADO	
CRÉDITO	ENTIDAD-	PASIVO	
DEFLACIÓN	LEGAL	PROPIEDAD	
DEMORA	FUSIÓN	RECESIÓN	

Palabras al Azar

```
P A Y Q Z E R A P A D O R T Q Y J I
F C H L F Z C O A M I W L A C R E V
A E E V E D A R R T J C E J O E Y R
B N R Q P P V I L O E C M A T U M E
U D O C O M P A R T I M E N T O U L
L R I R L A M P A R O N O A N B W A
A A C L N S U B I D A T E R R L V M
N R I M U Q R F I D M S V D I C S I
B X D W B B O C R A N E O H Z Z O D
R D A L I V T B M Y B A R I O L A O
K X D Z L F S W L O C U C I O N Q R
C A M E R I C A N A G H N B O N L F
```

ACENDRAR	COMPARTIMENTO	LAMPARON	RELAMIDO
AMERICANA	CRÁNEO	LOCUCIÓN	SUBIDA
ARCO	DIJE	NÚBIL	VEDAR
ATEMORIZAR	FABULA	ORO	
BARIO	HEROICIDAD	RAPADOR	
CEJO	LACRE	RE	

Planetas

```
Z W A W B A S T A S T R O C M P E P
I L I S M S C O M E T A J O E M L L
E S U N T C O S M O S R G N T G E A
H S U N E E G A L A X I A S E D S N
F V T P A B R P F V U N A T O E P E
O C E R E C U O U K S O L E R C A T
Z R U N E R U L I L H O W L I L C A
O G B M U L N A O D S E T A T I I T
G P U I U S L O S S E A P C O P O Y
O P O B T L K A V A A Z R I T S O S
S K C G W A O F H A R C C O A E J M
X F S A T E L I T E N C P N E W S L
```

ASTEROIDE	CUMULO	METEORITO	SOL
ASTRO	ECLIPSE	NEBULOSA	SUPERNOVA
COMETA	ESPACIO	ORBITA	VENUS
CONSTELACIÓN	ESTRELLA	PLANETA	
COSMOS	GALAXIA	PULSAR	
CUÁSAR	LUNA	SATÉLITE	

Geografía

```
X L L A N U R A E Q A A V O X N F N
V O L C A N S R I A C H U E L O C X
P H V H P C W O A Y A B D H C N T T
V A N J L A R C R J N A E E I I V E
Q F N B O N G E R O T H S N E S D S
R F Y T N O N A E R I I I I N E M T
K C D V A N B N C I L A E Y A N K A
G B I X E N B O I L A C R V G D L N
Y D G M R J O N F L D S T X A E A Q
M O N T A N A H E A O H O V V R G U
F A L L A Q N U S I E R R A S O O E
Z I T P G L A C I A R V I S L A O H
```

ACANTILADO	DESIERTO	LLANURA	SENDERO
ARRECIFE	ESTANQUE	MONTANA	SIERRAS
BAHÍA	FALLA	OCÉANO	VOLCÁN
CANON	GLACIAR	ORILLA	
CIÉNAGA	ISLA	PANTANO	
CIMA	LAGO	RIACHUELO	

Invierno

```
C J Q Z A P A T O S M I T O N E S D
E N E R O Z C A L E F A C C I O N E
T X Z Z V J T E M B L A R W N K E N
J P A T I N E S D E H I E L O X S I
X O D B O S O P O L A R G Y O A T E
W C O P O D E N I E V E W D R B A V
D S G U A N T E S R Y K C K A R C E
B U F A N D A N E S Q U I A R I I V
Y T R I N E O G N Q L F R I O G O A
O A C H A Q U E T A J G J S B O N V
T L M E S T U F A H H E L A R K Y W
N H E S C A R C H A A F G O R R O Y
```

ABRIGO	ENERO	GORRO	OSO POLAR
BUFANDA	ESCARCHA	GUANTES	PATINES DE-HIELO
CALEFACCIÓN	ESQUIAR	HELAR	
CHAQUETA	ESTACIÓN	MITONES	TEMBLAR
COPO DE NIEVE	ESTUFA	NIEVE	TRINEO
	FRIO		ZAPATOS

Colores

```
I C E L E S T E A G S V B R R N B T
C G N S E Y C Y S I E N A V K E V U
V O R C I A N B Y M O K H V M G I R
R I B L O C A Q U I K C P U L R O Q
O S Y R A C T D Y Q E C S E I O L U
J V B B E V R G A M A R I L L O E E
O S E E L G A E R W A K V B A N T S
L D I R I A K N E I L R O S A A A A
Y V E I D S N H D Z S P R J I J Y Z
A Z U L B E L C Q A K C A O C X G F
F I V E J O M Q O B B N R C N Y U I
F U C S I A C P B U X I K K A R S J
```

AMARILLO	CIAN	MARRÓN	TURQUESA
AZUL	COBRE	NEGRO	VERDE
BEIS	FUCSIA	OCRE	VIOLETA
BLANCO	GRIS	ROJO	
CAQUI	LAVANDA	ROSA	
CELESTE	LILA	SIENA	

Flores

```
L B J B O C A D E D R A G O N Y Q X
V A Z U C E N A L F V G R W Q N C C
R C A L E N D U L A K Z U X Y P H U
B F F L O R E S D E L O T O Z R G C
H C T J A B C C L A N T A N A S A B
A L F A L F A O R Q U I D E A S R E
T A V C N G I R A S O L E S E Q D G
O V I I W G H I B I S C U S U C E O
J E W N K P A S S I F L O R A L N N
O L H T I X N A R C I S O S E B I I
C Z P O C R O S A C H I N A Z J A A
G Q T Y H C R I S A N T E M O S T H
```

ALFALFA	CALÉNDULA	GIRASOLES	PASSIFLORA
AZUCENA	CLAVEL	HIBISCUS	ROSA CHINA
BEGONIA	CRISANTEMOS	JACINTO	TOJO
BOCA DE DRAGÓN	FLORES DE LOTO	LANTANAS	
	GARDENIA	NARCISOS	
		ORQUÍDEAS	

Arboles

```
G G Y Y P T L C Y J C E R E Z O F O
R X A B A F V I C X U T M P A X A L
A X A C L M E P M A E N B L L E B I
N M C O M K N R T O S V M A A B E V
A P A C E C C E X I N T E T M Y D O
D I C O R O I S T G L E A A O C U T
O N I T A F N L S T O O R N G E L F
S O A E X J A W K K U R U O O D P V
C K W R E Y M A N Z A N O Q A R U P
K M P O I X S N A R A N J O D O H L
Q Y W M F A L G A R R O B O J H E J
H I G U E R A W L R T B A O B A B V
```

ABEDUL	CEDRO	HIGUERA	PINO
ACACIA	CEREZO	LIMONERO	PLÁTANO
ÁLAMO	CIPRÉS	MANZANO	TILO
ALGARROBO	COCOTERO	NARANJO	
BAOBAB	ENCINA	OLIVO	
CASTAÑO	GRANADO	PALMERA	

Fútbol

```
A G C T J U G A D O R P G X Z D X A
A P A N A U G O L N M A R C A R B T
F A M D A R Q C O M P A N E R O S A
I R I Q E R J C B V P X K P C Q P Q
C T S E F R B E A V M T V B A P P U
I I E R S A R I T P O F P N B B E E
O D T Z A Q L O T A I J V Q E Z L C
N O A J D B U T T R R T R X Z Y O X
A O B L C H O I A A O O A T A V T Q
D R E G A T E N N S F D J N Z V A I
O P O R T E R O A A J R Z A O Y Y D
S T V I C T O R I A X C O P A A F C
```

AFICIONADO	COMPAÑEROS	JUGADOR	REGATE
ARBITRO	COPA	MARCAR	TARJETA
ATAQUE	DERROTA	PARTIDO	ROJA
CABEZAZO	ESQUINA	PELOTA	VICTORIA
CAMISETA	FALTAS	PORTERO	
CAPITÁN	GOL	RABONA	

Palabras de Uso Cotidiano

```
V F V H N A R F Z H O Y D M O J B S
I V V I G D H E R M A N O A W F D N
E R Q S N H I A D M U J E R P F T B
J E Y T H O R A B C A L V I D A Y T
O A B O P F N R P I V Z I C A B O H
H L R R I E H Z E U T H R B J D J O
R I U I M X R K C Y E A L L R Z O M
Q D U A B Y X S K A Q B C R R O V B
C A B A L L O O O L S C L I S D O R
Q D P U E R T A R N K O E O O J Z E
G V D H L B O P A S A D O G D N X R
O G N Y X C F T D K N J K Y W S X T
```

CABALLO	HOMBRE	PASADO	VIDA
CASO	HORA	PERSONA	VIEJO
DÍA	HOY	PUEBLO	VOZ
HABITACIÓN	LIBRO	PUERTA	
HERMANO	MUJER	REALIDAD	
HISTORIA	OJO	REY	

Profesiones

```
S N V C T E W X P A K Y W W A Y B H
A F E H F R J P C M M A E S T R O C
Q Q T X O A A A E A E A O M E V M W
Z E E C N C R D R L R C D T H C B L
A S R A T O D H U D U P A E M G E W
C C I R A C I H K C I Q I N C M R F
T U N T N I N V R F T N U N I A O E
R L A E E N E Q Q E Q O E E T C S Y
I T R R R E R A X W H C R R R E O A
Z O I O O R O A S O L D A D O O R T
Q R O G Z O K U E N F E R M E R O O
B N Q O P T I C O P R O F E S O R O
```

ACTRIZ	ESCULTOR	PELUQUERO
AMA DE CASA	FONTANERO	PROFESOR
CARPINTERO	JARDINERO	SOLDADO
CARTERO	MAESTRO	TRADUCTOR
COCINERO	MECÁNICO	VETERINARIO
ENFERMERO	ÓPTICO	

Habitación

```
P R N U E C C I T E S P E J O O J F
N E E O P M O A M R O P A R K D W A
P U P L R I P R J X M S R Z Y O F K
T I G A O D N A T O U O M O V R M L
E C C O L J I T P I N F A Y E M U A
L O R A M F D C A E N U R M N I E M
E L C O P D O E O D L A I J T T B P
X C E A P O L M P S O A O Q A O L A
Z H U W M E R N B A C K D F N R E R
O O K E V A R T H R R U I O A I R A
E N L H D N E O E N A E P I S O S V
V Q A L M O H A D A S Y D S V N Y S
```

ALFOMBRA	CORTINA	NÓRDICOS	ROPERO
ALMOHADA	DORMITORIO	PICAPORTE	TELE
ARMARIO	EMPAPELADO	PINTADO	VENTANA
CAJÓN	ESPEJO	PISO	
CAMA	LAMPARA	RELOJ DE PARED	
COLCHÓN	MUEBLE	ROPA	

Palabras Eruditas

```
G N S R G R R J B A N A L L O A T D
K E O I C S E I R D W L E H J T W U
A S R C A U S D M E E C Y V X I D A
B P D T M B A C U B T A H A Q N U L
N E I U B Y B S B N O O M I P A O I
E R D S A A I R O Q D M Z B S R O S
G P O H L C O F E S P A B A U M D M
A E H X A E S V E C I W N A R L E O
R N K P C N A M X J A E A C N J A T
N T G C H T B J V T O T G O I T J R
L O X F E E C H A D O R O O E A E A
P I J O T E R O L R C O M U G R E O
```

ABNEGAR	DEAMBULAR	REDUNDANCIA	SÓRDIDO
ATINAR	DUALISMO	RESABIOS	SOSIEGO
BANAL	ESPERPENTO	RETOZAR	
CAMBALACHE	MUGRE	RICTUS	
CHADOR	PIJOTERO	RIMBOMBANTE	
CHISME	RECATO	SUBYACENTE	

¿Dónde Vamos?

```
D C D N F E B E N C O N T R A R L C
S L E I E H S D A O D D P D C C U R
R I S U R C Y Q L L U E O E X B S U
E E T X R E A G B S Q C R N D K N Z
C N A Q O S C R M A L U E E D I O A
T T F T C N A C R P R E I R C E R R
O E A H A D M L I E U A P L C H A D
C A R O R D I E J O T E T A A A A M
U I J A R P N J U A N E N O G R N M
C E F H I K O O T H Q E R T Z A S O
R O D K L C R S O V N U S A E O R H
H M W N U I Z Q U I E R D A U N N Z
```

ALQUILAR	CERCANO	ENCONTRAR	PEDIR
AQUÍ	CLIENTE	ESTAFA	PUENTE
BARATO	CRUZAR	FERROCARRIL	RECTO
CAMINO	DERECHA	IZQUIERDA	
CARO	DIRECCIONES	LEJOS	
CARRETERA	DONDE	PAGAR	

Literatura

```
A U T O B I O G R A F I A P A U G M
T R A G E D I A E L E G I A B L Y F
T G T X C U E N T O B Z C M P E F S
D E J M E L O D R A M A O P U Y A V
A R P O N Q E P O E S I A I H E B E
D P A I D Z T P R O M A N C E N U N
A G O M S A C M O Q G K O K X D L S
N R M L A T K J T P E F Z Z E A A A
E P I L O G O C O M E D I A Z C X Y
J Y H R J G V L R O Y Y B G M O V O
S H I M N O O S A T I R A O O C Y S
C S U V N O V E L A E G L O G A F A
```

APÓLOGO	ELEGIA	HIMNO	ROMANCE
AUTOBIOGRAFÍA	ENSAYO	LEYENDA	SÁTIRA
COMEDIA	EPILOGO	MELODRAMA	TRAGEDIA
CUENTO	EPÍSTOLA	NOVELA	
DRAMA	EPOPEYA	ODA	
ÉGLOGA	FABULA	POESÍA	

Bicicleta

```
S H O R Q U I L L A M F N A D Q B C
Q I L L A N T A M F A Y R M H X I A
C C L K O U Z T A B N B A O S V C D
R A U L D F Y I N P I O D R C T I E
B U M B I N O J U E L R I T A I C N
N A E A I N V A B D L D O I M M L A
W F E D R E L O R A A I S G B B E H
U F T G A A R P I L R L X U I R T F
P I N O N E S T O E N L H A O E E Z
R E S T R E L L A S H O W D F U A B
M M O O F R E N O S G O D O Z D R F
U C I C L I S T A X W F O R S X R S
```

AMORTIGUADOR	CICLISTA	MANILLAR	SILLÍN
BICICLETEAR	CUBIERTA	MANUBRIO	TIJA
BORDILLO	ESTRELLAS	PEDALES	TIMBRE
CADENA	FRENOS	PIÑONES	
CÁMARA	HORQUILLA	RADIOS	
CAMBIO	LLANTA	RUEDA	

Coche

```
N P E U M N Y M U S T V V T T C A P
A A V B A E N S M E U E O A T O V A
C R B O N U P V A G B M L A E N P R
E A A C G M U N T U O A A S M D V A
L B T I O A E L R R D R N I B U P C
E R E N O T R L I O E C T E R C E H
R I R A Z I T A C C E H E N A I A O
A S I L U C A V U U S A Y T G R J Q
D A A M F O F E L R C S N O U W E U
O S D Y D S V S A V A T K G E L I E
R H F A R O W Z I A P I G Y W A E S
P L A C A X M D F H E U Y A X Y V L
```

ACELERADOR	EMBRAGUE	NEUMÁTICOS	SEGURO
ASIENTO	FARO	PARABRISAS	TUBO DE ESCAPE
BATERÍA	LLAVES	PARACHOQUES	
BOCINA	MANGO	PEAJE	VOLANTE
CONDUCIR	MARCHAS	PLACA	
CURVA	MATRICULA	PUERTA	

Herramientas Agrícolas

```
H S T R A C T O R P I K K W Z A N T
A H O Z Z O Q U E T A A Y D B H Z I
C B V R Y L P A L A I Z A K N S R J
H A Z A D A X T U P I C O Z P I A E
A C T R A S P L A N T A D O R E S R
I R Z J R E G A D E R A B X R R T A
U I A L M O C A F R E P S S H R R S
D B B H V P C A R R E T I L L A I C
Y A F F S K T A A Z A D O N D H L I
A R A D O U M A C H E T E F W E L Z
E R D A Z O G U A D A N A H M Q O C
Q C M A N G U E R A S H O R C A Z C
```

ALMOCAFRE	GUADAÑA	PALA	TRACTOR
ARADO	HACHA	PICO	TRASPLAN-
AZADA	HORCA	RASTRILLO	TADOR
AZADÓN	HOZ	REGADERA	ZOQUETA
CARRETILLA	MACHETE	SIERRA	
CRIBA	MANGUERA	TIJERAS	

Palabras al Azar

```
Y G T G A L L E T A P O E T I S A A
O A S O M A R Q H Q B A L L E T E U
S H C K U B R I C O L A J E E C L N
B A R R O Q U I S M O S D R A T O T
L K H G N U M T F U N E R A R I O O
D E S M E S U R A D O R Q D Y G Z W
M B R O M E A R M R E C E S I V O K
U A Q L C O M P A R T I R L P I Y S
R R L M U D P B S B K D I E D R O F
O E M B K J J A G O R D O D G D C M
N C Z D R A G A C O N F U N D I R K
D I V E R G E N T E H O H M I O V A
```

ASOMAR	CONFUNDIR	GALLETA	RATO
BALLET	DESMESURADO	GNU	RECESIVO
BARROQUISMO	DIEDRO	GORDO	UNTO
BRICOLAJE	DIVERGENTE	MURO	
BROMEAR	DRAGA	OHMIO	
COMPARTIR	FUNERARIO	POETISA	

Adverbios

```
M X G T R E G U L A R E C C A Y F U
C A N T I D A D Y J T O D O L N E G
D Q F C O N F O R M E J J S G P N E
R E C I E N T E M E N T E O O A O C
G U D H O V J M A L L I I L A Y M E
A H O R A E X J U W P Y Z A D E E R
V B U J D E S P A C I O P M R R N C
G T A G L J A V Y M H M T E E H A A
O N O J P O K U J W A O H N D H L Q
B R D L O N F U E R A S B T E L L R
H V T E M P R A N O I P M E U W O S
K J Y M R C A S I X Q M E J O R M A
```

ABAJO	CANTIDAD	FUERA	REGULAR
ADREDE	CASI	JAMÁS	SOLAMENTE
AHORA	CERCA	MEJOR	TEMPRANO
ALGO	CONFORME	MUCHO	TODO
ALLÍ	DESPACIO	RECIENTEM	
AYER	FENOMENAL	ENTE	

Otoño

```
K I W I S I G S T N W V E T A S R H
M A N T A S M D O S E T A S X R E A
X Z O R R O S P I C J V M O H E D L
Q L R Y Y G A I E S T J N G O S R L
H E R S E Y S R C R F U O N J F E O
S N T B O T A S D G M R B R A R D W
C A L A B A Z A K I I E A R S I O E
N A N R A S T R I L L O A C E A N E
Z M A N Z A N A G I S L G B E R J N
X Y S L L L U V I A J C A U L S D E
F T R C H I R I M O Y A S U G E X N
Y M K B O S Q U E E I R M C R K Y K
```

ARDILLA	EDREDÓN	KIWIS	RASTRILLO
BOSQUE	HALLOWEEN	LLUVIA	RESFRIARSE
BOTAS	HERSEYS	MANTAS	SETAS
CALABAZA	HOJAS	MANZANA	VETAS
CHIRIMOYAS	IMPERMEABLE	OCTUBRE	ZORROS
DISFRACES			

Equitación

```
K E C U E S T R E K D T X T P Y C Y
D M L Q A A C W B Y Q B Q R I R O A
P O S I C I O N S B R I D A S F N E
E C A D I E S T R A M I E N T O T X
D N A E K Y P A R A D A W S A T R B
J O D B F I G U R A S Z L I J R A J
D T M U A S W E Q U I P O C I O G U
J I Z A R L M O N T A R R I N T A R
O W P W Q O L F E F L T F O E E L A
K S I L L A X O T A X D O N T G O D
C O N C U R S O G V R F J E E B P O
Z W O U E G A L O P E R E S N E E I
```

ADIESTRAMIENTO	ECUESTRE	JURADO	TRANSICIONES
BRIDA	ENDURO	MONTAR	TROTE
CABALLO	EQUIPO	PARADA	
CONCURSO	FIGURAS	PISTA	
CONTRAGALOPE	GALOPE	POSICIÓN	
DOMA	JINETE	SILLA	

BBQ

```
R R D P Z C O S T I L L A S X U Z S
K D P O C O C O C I D A Y Q R M F O
Y P E P I N I L L O L I O A L O C L
G C O C U P H A M B U R G U E S A O
B A R B A C O A T O C I N O I T A M
K R K D K E T C H U P F R I T A S I
L B X P I N C H O N P O L L O Z A L
V O N O P L T N P A R I L L A A L L
B N P F U E G O E S P A T U L A S O
T O M A T E C O R D E R O D H S O A
S S C V K T E R N E R A S X C F Q U
E N T R E C O T F F Z Z C A R N E Z
```

BARBACOA	ESPÁTULAS	PARILLA	SOLOMILLO
CARBÓN	FRITAS	PEPINILLO	TERNERA
CARNE	FUEGO	PINCHO	TOCINO
CORDERO	HAMBURGUESA	POCO	TOMATE
COSTILLAS	KÉTCHUP	COCIDA	
ENTRECOT	MOSTAZA	POLLO	

Instrumentos Musicales

```
C A R I L L O N R N D C F R I I B K
G Y U D C C L A R I N E T E L O G H
A C A S T A N U E L A S I A I R G B
I K A L I M B A T E Y K F P M K L A
T O O R G A N O E R A H Y L B H R N
A R C A M P A N A B E A N T A R A D
R R H G U I T A R R A V H N V U J O
B G D M A R A C A S B I F L X M T L
T R O M P E T A O B O E S E J R R A
T U B A D U V I O L O N C H E L O A
T R O M B O N Q Z C C A J O N X W S
X F A G O T I H H A R M O N I C A Q
```

ANTARA	CASTAÑUELAS	ILIMBA	TROMPETA
HARMÓNICA	CLARINETE	KALIMBA	TUBA
BANDOLA	FAGOT	MARACAS	VIOLONCHELO
CAJÓN	FLAUTA	OBOE	
CAMPANA	GAITA	ÓRGANO	
CARILLÓN	GUITARRA	TROMBÓN	

Hacer Limpieza

```
P A X B P U L V E R I Z A D O R I N
R C U B O S R E C O G E D O R I G U
X S O A N A X C A S P I R A D O R U
B A Y E T A S L M O P A N O S I Q B
X Q U I T A M A N C H A S K G B P O
B U N T T R A P O S F R E G O N A L
P L U M E R O D E T E R G E N T E S
L A V A V A J I L L A S A R C R O A
L M A E S P O N J A S O B P G Y I S
S F L R A B R I L L A N T A D O R G
G U A N T E S D E G O M A L K Q X M
T O T P U L I D O R A E S C O B A D
```

ABRILLANTADOR BAYETAS   MOPA   QUITA-
PULVERIZADOR   BOLSAS   PAÑOS   MANCHAS
LAVAVAJILLAS   CUBOS   PLUMERO   RECOGEDOR
GUANTES DE-   ESCOBA   PULIDORA TRAPOS
GOMMA   ESPONJAS ASPIRADOR
DETERGENTE   FREGONA

Platos Españoles

```
C C M A R R O Z E M P E D R A D O B
H L A C O C I D O R P M I G A S P O
I Q H L N O A J O P R I N G U E E L
L P M J D A L B O N D I G A S N Y L
I Y I D K O R J I S P A E L L A A O
N A Y S F E G T T F A B A D A O I P
D Q H R T J Q A K E M P A N A D A R
R L F Z I O R N L L E C H A Z O G E
O C O C H I N I L L O A S A D O X N
N L E N T E J A S K E I X N A I I A
N G A Z P A C H O N X G H N K D L O
X P C R O Q U E T A S Z O V X C E H
```

AJO PRINGUÉ	CALDO	COCIDO	LECHAZO
ALBÓNDIGAS	GALLEGO	CROQUETAS	LENTEJAS
ARROZ	CHILINDRÓN	EMPANADA	MIGAS
EMPEDRADO	COCHINILLO	FABADA	PAELLA
BOLLO PRENAO	ASADO	GAZPACHO	

Platos Italianos

```
C N J B Y F O C A C C I A Y U I K E
A O R W O P A N Z A N E L L A J M S
L Q Z B R U S C H E T T A F Z E A P
Z U Q L C V M Q L I N G U I N I C A
O I U C A P P E L L E T T I F U A G
N S P I A D I N A P O L E N T A R U
E E N S A L A D A C A P R E S E R E
D E P R I S O T T O P I Z Z A V O T
B R M C A N E L O N E S M F O Q N I
G Q A M S L A S A N A Y Z O C L E S
L Q P A N S O T T I Y U A Z X T S U
H R A V I O L I S B L Z K C S B L Q
```

BRUSCHETTA   ESPAGUETIS   ÑOQUIS   POLENTA
CALZONE   FOCACCIA   PANSOTTI   RAVIOLIS
CANELONES   LASAÑA   PANZANELLA   RISOTTO
CAPPELLETTI LINGUINI   PIADINA
ENSALADA   MACARRONES   PIZZA
CAPRESE

Palabras Eruditas

```
R A N G O S T O O L A R I L A V A H
G H Q C M G O G P P A K N I C K M A
J A L O N D O A L R V B D M R U O R
J C U I P I T O N I S A E N I E R R
W S O M I T I R U I G Y F O M M G O
W H O M O N I M O Q M G E L O B P L
M T Q S N A G R A V I O C O N A I L
E N S O B E R B E C E R T G I T C A
T C A N D I D O L S H L I I A E O D
F I M P L I C I T O D Y B A B X T O
T M A Q U I N A C I O N L P D C A R
A P E G O A D E M A N H E Y I B S Y
```

ACRIMONIA	APEGO	IMPLÍCITO	PICOTA
ADEMAN	ARROLLADOR	INDEFECTIBLE	PITONISA
AGRAVIO	CÁNDIDO	JALÓN	
AMOR	EMBATE	LIMNOLOGÍA	
ANGOSTO	ENSOBERBECER	MAQUINACIÓN	
ANIMO	HOMÓNIMO	OMITIR	

Financias

```
R Z M Z O T A S A D E C A M B I O M
H E K F T F Q D A C T I V O P O Q L
A J N A D M I N I S T R A C I O N X
D N W D C S J N I B N B U F R V J G
E N U J I A O Y A N D F Q O I B I C
B I Q A O M P C O N G R H N E O N A
I C L X L Q I I I B C R G D S N T R
T T G R I I H E T E R I E O G O E T
O P E R D I D A N A D E E S O O R E
Y V D I V I S A D T L A R R O L E L
O Q K E D T T O D E O Q D O O Q S F
L U C R O H Q P S U C U R S A L C I
```

ACTIVO
ADMINISTRA-
CIÓN
ANUALIDAD
BONO
CAPITAL
CARTEL
DEBITO
DIVISA
FINANCIERO
FONDOS
INGRESO
INTERÉS
LUCRO
OBRERO
PERDIDA
RENDIMIENTO
RIESGO
SOCIEDAD
SUCURSAL
TASA DE-
CAMBIO

Banco

```
B R D E P O S I T O V O D M G G F L
A W S M I B H I C Y D A E G A A R O
N Z R P D H O O N O M F L Q N S E T
C F Q R A P N X P V N I I O A T T A
O M P E R C O N C R E T R L R O I R
C M H S E C R X P U E R A L I S R J
E O S A C A A E R A E S S D L A O E
N N H R I M R T E L G N T I O G L T
T E X I B B I N N D T O T A O R Q A
R D X O O I O C T D O V E A M N U X
A A Q R X O H H A G E R I B R O M E
L X Q H Y C A J E R O V D S F V H M
```

ACREEDOR	CUENTA	HONORARIO	RENTA
BANCO	DEPOSITO	INVERSIÓN	RETIRO
CENTRAL	EMPRESARIO	MONEDA	TARJETA
CAJERO	FILIAL	PAGO	VALOR
CAMBIO	GANAR	PRÉSTAMO	
CONTADOR	GASTOS	RECIBO	

Geografía

```
W V R M I A S Y F B I C H P X X G X
C E I E B Y C A K O X O P E G I S M
B U O S X M O R A A C L I N R X C C
A O P A Z V R R R S A I C I I M D O
R E H G L N D O B I T N O N E W U S
R M A O A B I Y O S A A C S T D N T
A B Z L G O L O L T R S R U A N A A
N A G F U S L X E P A L R L C Y S R
C L M O N Q E A D T T C D A S K M F
O S L P A U R N A T A C P R A D O R
D E Q G A E A T P I P B P X R V T C
M P N E A F L U E N T E C A N A L N
```

AFLUENTE	CATARATA	GOLFO	PICO
ARBOLEDA	COLINAS	GRIETA	PRADO
ARROYO	CORDILLERA	LAGUNA	RIO
BARRANCO	COSTA	MESA	
BOSQUE	DUNAS	OASIS	
CANAL	EMBALSE	PENÍNSULA	

La Familia

```
O J L C U B E P G F V G K O H A H D
T I O X W D S V C O N Y U G E A G N
H S A W N R P C A B U E L O S W Y C
E E O P U I O I B Q O B E H C R E T
J P R B E D S I G Y B E B E O J R S
K C R M R P A R I E N T E S N U N U
Z N U I A I F Y N I E T O F J Q O E
M I E N M N N B M A D R E X U H V G
X N Z C A O O A Q X F Q B O N I I R
V O G M C D X D X Q F W W X T J A O
P A D R E D O K I V J N D Z O O M N
F P E T V N E W H E R E D E R O L A
```

ABUELOS	HEREDERO	NOVIA	SUEGRO
BEBE	HERMANO	NUERA	TÍO
CONJUNTO	HIJO	PADRE	YERNO
CÓNYUGE	MADRE	PARIENTES	
CUNADO	NIETO	PRIMO	
ESPOSA	NIÑO	SOBRINA	

Vóleibol

```
B X C R P E L O T E O X C A I D A O
N J S O A O R I U B T P O I T A D A
R F V R L T R E H T B D M P J T E W
C E L A E O O A M B I O B L M A L X
O E C O R T C C O A R B I A R Q A D
F B I E T I E A I C T L N N A U N E
Z I Q O P A L N C O Q E A C P E T F
G O N Q R C N L C I N S C H O S E E
K E N T I E I T A I O U I A Y O R N
Z Z X A A T D O E S O N O B O L O S
B L O Q U E O R N N G N N J Q T S A
C R R E E H I N V A S I O N V Z P K
```

APOYO   DEFENSA   PELOTEO   RETENCIÓN
ATAQUE   DELANTEROS   PLANCHA   VARILLAS
BLOQUEO   DOBLES   ROTACIÓN   ZONA
CAÍDA   FINTA   RECEPCIÓN
COLOCACIÓN   FLOTANTE   RED
COMBINACIÓN   INVASIÓN   REMATE

Adverbios

```
L P R O N T O A P A R T E Y C N U W
E A J E D A C U L L A R L A N Q E A
J V W D E L A N T E B A T W R D Z S
O P D E N T R O V D A C A T Z A P I
S P D Y X X F Y T P R I N H U D H E
B A N T E R I O R M E N T E Q E A M
F P E O R A A P E N A S O U A P R P
Y N D E M A L P O C O Q D A U R T R
X T G Q E N C I M A V N M L N I O E
G S O B R A D A M E N T E T J S D I
M A N A N A M O U A R R I B A A Y W
C D S P Y U S C L A R A M E N T E E
```

ACULLÁ	ARRIBA	HARTO	PRONTO
ANTERIORMENTE	AUN	LEJOS	SIEMPRE
CLARAMENTE	DELANTE	MAL	TANTO
SOBRADAMENTE	DENTRO	MAÑANA	
APARTE	DEPRISA	PEOR	
APENAS	ENCIMA	POCO	

Tiempo

```
L H Q D E S P E J A D O E T S T L N
X U C X X L L U V I O S O O T T N G
I M B I E S O L E A D O H R D I U X
E E C A L U R O S O F Y F N K F B B
P D H R I B R I S A H R C A Y O L D
T O R M E N T O S O U E I D V N A N
N F L T A G U A C E R O L O E K D I
I N E V A Z O K T E M P L A D O O E
L S E C O C H U B A S C O H D O I B
P O A I L D I L U V I O U L R A M L
J X W L X P B X G G I F R E S C O A
W Q C G V E N T O S O R W B Z H M G
```

AGUACERO	FRESCO	NIEBLA	TORMENTOSO
BRISA	FRIO	NUBLADO	TORNADO
CALUROSO	HELADA	SECO	VENTOSO
CHUBASCO	HÚMEDO	SOLEADO	
DESPEJADO	LLUVIOSO	TEMPLADO	
DILUVIO	NEVAZO	TIFÓN	

Transportes

```
O T O P V L C Y B G D F W E M S Q A
A R P A R A D A A X C E C A E U C U
V A O V M N P C R L F U A W T B A T
I F C A M I N O C R O G L Q R M M O
O I W K M B D U A M E W L P O A I P
N C O N H E L I C O P T E R O R O I
U O L A U T O B U S W T E Q Q I N S
V C A X Z Q V G C O C H E R Q N R T
A M B U L A N C I A M T Y G A O U A
F U N I C U L A R D X T R E N E T T
V L X M L A M E E U A V E N I D A U
Q Y V I A A E R O P U E R T O J D S
```

AEROPUERTO	BARCA	FUNICULAR	TRAFICO
AMBULANCIA	CALLE	HELICÓPTERO	TREN
AUTOBÚS	CAMINO	METRO	VÍA
AUTOPISTA	CAMIÓN	PARADA	
AVENIDA	CARRETERA	RUTA	
AVIÓN	COCHE	SUBMARINO	

Palabras al Azar

```
R V S G I X T R A B A J A D O R I M
J C P A P A D A U H A H L S C B M M
A O V T M Q H O N O R Z M C B Q A M
C T P S I C O P A T O L O G I A G A
I O A A J E R G O N V G R R M A N P
L X M T O S I L O L Q W Z F D Q O A
L J C U O N U V C A R C A J U N O C
A R D N N F N B J F U V R C P C X H
U T W E P N D R E H O R N I L L O E
V W N R U Y O F R A C T U R A Q Q D
U P Y A S L S I D E R A L Q A N O W
N J L F J B E N F R E N T E Q R E L
```

ALMORZAR	FRACTURA	MAPACHE	SIDERAL
AÑO	HONOR	ORIUNDO	SILO
ATUNERA	HORNILLO	PAPADA	UNO
CARCAJ	JACILLA	PSICOPATOLOGÍA	
COTO	JERGÓN	TRABAJADOR	
ENFRENTE	MAGNO	PUS	

Plantas y Frutas

```
M P Z Y A I Q S S G C D Q V X J Z T
P L U J O L Y Q E E U O L M A I Z R
I A T V S O B K T A E I S P G S J U
M T B S A A R A A F L S S E E D I F
I A P Q N T N H R N M M P A V R A A
E N I H H U S D J I A H E I N Y A D
N O N Y Z Y E N I T C R L N N T H G
T O A V Z K Y Z G A G O A C D A E S
A E S P A R R A G O I C Q N A R C U
A M Q G M A N Z A N A B Q U J J A A
R E P O L L O P M E L O N Y E A O J
H Z A N A H O R I A Y Z L Z C H M U
```

AJO	MAÍZ	PIMIENTA	TRUFA
ALBARICOQUE	MANZANA	PINA	UVA
ALMENDRA	MELÓN	PLÁTANO	ZANAHORIA
ESPARRAGO	NARANJA	REPOLLO	
ESPINACA	NUEZ	SANDIA	
GUISANTE	PERA	SETA	

Baño

```
T V I L P R S K P K C E P I L L O J
L A Z A U A I B S I U H P L E I K A
A L Q V E D F A A S L T A L G N R B
V B U A R I O P N A E S T A A O D O
A O Z D T A N L I F Z C O V G D E N
B R C O A D C I T N L U A E J O S E
O N C R P O H Q A M U T L D M R P R
S O E A B R A U R K E A L E O O O A
F C S U K J M E I W J Y A U J R N A
P E T F L L P S O Z K S S H A O J T
S S O S F Q U P S F E S D U C H A P
R B A N E R A Z C F B I D E G K O D
```

ALBORNOCES	CESTO	LAVABO	SECADOR
APLIQUES	CHAMPÚ	LAVADORA	SIFÓN
AZULEJO	DUCHA	LLAVE	TOALLAS
BAÑERA	ESPONJA	PUERTA	
BIDÉ	INODORO	RADIADOR	
CEPILLO	JABONERA	SANITARIOS	

Comida y Bebida

```
B C A F E B G D Y G R G Z Q C S B N
M R X R C H O R I Z O A A H Z P V L
V I N E V O M M A H E L A D O E J F
Z U A F G Q N I B N X S Q U E S O V
X H C R A S T S E O A F L G A C T H
W L A E L N S D E L N D E E M A V W
G E N S L B V Q W R E K I C F D W U
R C E C E A R R O Z V A X N L O Q Y
X H L O T V I N O G E A A F A K P K
T E A O A L S L S A L C H I C H A F
G A G U A X M A R G A R I N A M R Q
X C H O C O L A T E P F P A N S X M
```

AGUA	CHORIZO	MARGARINA	SALCHICHA
ARROZ	CONSERVA	MIEL	TÉ
BOMBÓN	GALLETA	PAN	VINO
CAFÉ	GRANADINA	PESCADO	
CANELA	HELADO	QUESO	
CHOCOLATE	LECHE	REFRESCO	

Camping

```
C P X I T V A S O S C P T C C F H T
O I C I E N A V A J A H D I Z Y J V
C Q O T W I D O L L A H V O E E O P
I U V A R I L L A S J A F Z L N Z A
N E N H G W S I L L A S H N E M D R
A T Q S A C O D E D O R M I R O P A
A A V F L A M P A R A S M E K C A G
G S M A R T I L L O M E S A Z H L U
A B Y E N C E N D E D O R F E I O A
S B O T A S M X P A R I L L A L S S
C U E R D A S D I V N E V E R A C I
G H C U L W P L A T O S M M J L K H
```

BOTAS
COCINA A GAS
CUERDAS
ENCENDEDOR
LÁMPARAS
MARTILLO

MESA
MOCHILA
NAVAJA
NEVERA
OLLA
PALOS

PARAGUAS
PARILLA
PIQUETAS
PLATOS
SACO DE DORMIR

SILLAS
TIENDA
VARILLAS
VASOS

Palabras de Uso Cotidiano

```
X P V B K V N B Z L C R C F I N I Y
A A V I V J T I F S U E L O D M L C
B N T O I R R C N H S U M U N V A U
I O T S S Z A H J O S O L I G D X E
C M D F T L B C I Q F S X A G A E R
V O U E A M A N O F A M I L I A R P
U R R R I F J N C J G D K H B Y A O
C D K A Y R O O F A E T H X E V W V
O U G T Z I X C L A L P M E S A C E
S D O X F O I H C L C L I G V F C M
A A V J J R N E Z T F C E E S B B R
G D B A Q X F R G P U N T O Y L V E
```

AÑO	CUERPO	MESA	SUELO
BIOSFERA	DUDA	NIÑO	TRABAJO
CALLE	FAMILIA	NOCHE	VISTA
CONDE	FIN	PIE	
CORAZÓN	LUGAR	PUNTO	
COSA	MANO	SOL	

Jardinería

```
G Z C J D X W E F L O R E S E Z M E
M H O B A M I S U U T Y J N D Y U R
A O R E C I P I E N T E K C D S V S
C R T K A H P L A N T A R O Q R I E
E Q A Y A R B O L E S F W R Z E E M
T U C M R E G A D E R A R T T G X I
A I E D U P P A L E T A A A H A C L
W L S O C N R A M A S W I D O R A L
H L P P E T A L O K A Q Z O J H V A
Q A E B L O Y M A N G U E R A Y A S
R Y D P L A N T A S G Y B A S P R E
J K H I E R B A S R P T I E R R A I
```

ARBOLES	HOJAS	PLANTAR	REGAR
CORTACÉSPED	HORQUILLA	PLANTAS	SEMILLAS
CORTADORA	MACETA	RAÍZ	TIERRA
EXCAVAR	MANGUERA	RAMAS	
FLORES	PALETA	RECIPIENTE	
HIERBAS	PÉTALO	REGADERA	

Deportes

```
J C H B M J C Y C I C L I S M O L U
B U P W S Q U A S H B X F L Z N D C
I R R U G B Y R U I S U M E R J O A
L L P E S C A L A D A F X T I R O N
L I O T R I A T L O N X L U C H A O
A N L B A L O N M A N O C F T B H T
R G O K F W Z U J U D O H F X E Z A
A J A U T O M O V I L I S M O X S J
H J G F U T B O L A M E R I C A N E
C A R R E R A J V T Q V Z H G T D V
S S B D H I P I C A Q L T E N I S V
P T V E L A J P A R A P E N T E D H
```

AUTOMOVILISMO	CURLING	LUCHA	TENIS
BALONMANO	ESCALADA	PARAPENTE	TIRO
BILLAR	FUTBOL-	POLO	TRIATLÓN
CANOTAJE	AMERICAN	RUGBY	VELA
CARRERA	HÍPICA	SQUASH	
CICLISMO	JUDO	SUMERJO	

Monarquía

```
G M X W Q J C D I C T A D O R S W O
O I J F D I N A S T I A J O Y A S L
C Z S Q Z P F Y D H E R E D E R O V
E G O R E I N A G Q T J E F E F O C
V O B A R I S T O C R A C I A O D O
L B E B C E T R O I N F A N T E Z R
X I R K E Q A B S O L U T A W I T O
X E A M A N T O M O N A R C A B R N
B R N B W S M B I B L O D R E Y O A
T N I F M I L I T A R O A I N K N P
Z O A Y Y M C A S T I L L O R Y O K
L U J O D W E R E A L E Z A X C V D
```

ABSOLUTA	DINASTÍA	LUJO	REY
ARISTOCRACIA	GOBIERNO	MANTO	SOBERANÍA
CASTILLO	HEREDERO	MILITAR	TRONO
CETRO	INFANTE	MONARCA	
CORONA	JEFE	REALEZA	
DICTADOR	JOYAS	REINA	

Ropa

```
J O Q F Q G U A N T E S A U U X C C
B C H F V H C I F E Z R C B C C A N
A I Q R W N I Z H A K C R E O U L C
T N D P C A M I S A L Q E S R E C H
A T S C H A N D A L X D M M B R E A
B U T C A M I S O N W G A O A O T L
O R H R C C B L U S A O L Q T W I E
T O A Y E A L A N A A K L U A S N C
O N G A F A S D E S O L E I J X H O
N N Y F R A N E L A M A R N F H D M
G B U F A N D A S N K M A G L C H U
D S M C C H A Q U E T A B O T A S L
```

BATA	CAMISA	CORBATA	GAFAS DE-
BLUSA	CAMISÓN	CREMALLERA	SOL
BOTAS	CHALECO	CUERO	GUANTES
BOTÓN	CHÁNDAL	ESMOQUIN	LANA
BUFANDA	CHAQUETA	FALDA	
CALCETÍN	CINTURÓN	FRANELA	

Navidad

```
Y N Q U N I C P Z J J M N B X Y Y O
C O G R G O J E H T E Q A U E J Y G
A C U E T A C V L T B P H G E L G O
N H I Y Q Q L H E E W O I A O V E H
C E R E P R F L E L B P L F R S O N
I B N S H E E Q O V A R A A A B X H
O U A M X T S G I E I N A N Q N O E
N E L A O M G E A Q M E O C E P I L
E N D G T F T B B L O F J C I T X A
S A A O B T R V Q R O X L A H O O S
R V Q S N A C I M I E N T O C E N N
N I G L E S I A W K Z G L U C E S A
```

- ÁRBOL
- BELÉN
- BOLA
- CANCIONES
- CELEBRACIÓN
- EPIFANÍA
- GALLO
- GUIRNALDA
- IGLESIA
- LUCES
- MAGOS
- NACIMIENTO
- NOCHE
- NOCHEBUENA
- NOCHEVIEJA
- NUEVO
- PANTEÓN
- PESEBRE
- REGALO
- REYES
- MAGOS
- VELA

Pintura

```
S K N S O P O R T E M U R O A U A T
N P G U D I F U I X B D U D C F C O
P I I I R C O M P O S I C I O N R L
I U G N B P A S T E L Z A C L B I E
G M O G C X T I N T A D C B O G L O
M K B L I E N Z O R I N U L R R I R
E B R P A L L C M V T Y A H C A C E
N T A B L A D E M A D E R A E F O C
T E S X F G R I S F X H E J R I A C
O Q T E M P L E Y E Q E L T A T B J
S P A P E L T E X T U R A S X I Z J
A D I S O L V E N T E C N I C A H E
```

ACRÍLICO	GRAFITI	PASTEL	TÉCNICA
ACUARELA	LIENZO	PIGMENTOS	TEMPLE
CERA	MURO	PINCELES	TEXTURAS
COLOR	OBRAS	SOPORTE	TINTA
COMPOSICIÓN	OLEO	TABLA DE	
DISOLVENTE	PAPEL	MADERA	

Artes

```
M A R D D F D B O D E G O N E S Z C
O B R T A U T O R R E T R A T O S C
N M H K X Z C O L E C C I O N Y A H
E U V I S I T A N T E S A L A K T O
D E B C E S C U L T U R A S Z S U R
A S G A L E R I A P E R T U R A R A
S T L A U D I O G U I A R M A S I R
M R G C Z C U A D R O S H A A E S I
G A U Z F A R Q U E O L O G I A T O
Y F H Y A R T I S T A S M K D D A S
M Q H I S T O R I A V L B T N V S F
R K E K Z A C U A R E L A S N R C V
```

ACUARELAS
APERTURA
ARMAS
ARQUEOLOGÍA
ARTISTAS
AUDIOGUÍA
AUTORRETRATOS
BODEGONES
COLECCIÓN
CUADROS
ESCULTURAS
GALERÍA
HISTORIA
HORARIOS
MONEDAS
MUESTRA
SALA
TURISTAS
VISITANTES

Mitología

```
S A E E M V F T U D X H B G G L A M
I R C S B Q O U E T C B S Y E V R A
E E A H T L Q R P T D I Y O A C I Y
P S R H E I I U I E I P R M L S A A
L X O C C R G M S O R S E C L L D X
D Q N C K T A I O H N S T G E E N B
I M T A K A V C A I L Z E P A S A P
O I E E E K X T L G R K E F A S I L
N Z T E S E O A S E E A Y T O N O U
E X D W M E L I S A S A I H O N Z T
H T Z W F W B U Y G X W R U U E O
Q Q R W L A V E R N A R E T U S A K
```

ARES	ESTIGIA	MOIRA	TESEO
ARETUSA	GEA	ORIÓN	TETIS
ARIADNA	HERACLES	PAN	ZETO
CARONTE	LAVERNA	PEGASO	
CIRCE	MAYA	PERSÉFONE	
DIONE	MELISA	PLUTO	

Pescar

```
P Q V P T F W S T Y U B O T E E U T
I R A A U I N A K B R O A O C E N G
N V N C N M R C O Q O Y R L S A X U
Z V Z I O M J A V J D U P O J G N S
A B U E M A L D C C A S O M L P C A
D A E N P X U O A E B R N B A E A N
H R L C E S B R P B A D P R N S R O
E C O I Z M I A T O L O T I C C N D
O O Q A Q C N J U M L O F Z H A A D
Y R F B I W A A R I O M C B A R D V
C A R R E T E G A F C R U I F T A M
M O S C A L D O R A D A S F A K E K
```

ANZUELO	CARNADA	LOMBRIZ	PINZA
ARPÓN	CARRETE	LUBINA	RODABALLO
BARCO	CEBO	MOSCA	SACADORA
BOTE	DORADA	PACIENCIA	
CANA	GUSANO	PESCAR	
CAPTURA	LANCHA	PEZ	

Nombres Masculinos

```
L D T I A L E J A N D R O V R K Z X
R A N B F R A N C I S C O S A U O T
I N M Z A G A L V A R O A E F J H A
B I N M B N U K B E Y Q N R A M S L
Y E J G M E T I V C D K G G E I V U
K L A O A N Z O L M A G E I L G W C
J P V N N R L B N L A R L O J U G A
O E I F U I J F J I E R L Q S E J S
S D E R E Q D I E G O R I O S L U U
E R R R L U K E M S N H M O S N A F
R O Q A U E O K Y U I C C O L G N O
U B F E R N A N D O X R Q S G S R X
```

ALEJANDRO	DIEGO	JOSÉ	PEDRO
ÁLVARO	ENRIQUE	JUAN	RAFAEL
ÁNGEL	FERNANDO	LUCAS	SERGIO
ANTONIO	FRANCISCO	MANUEL	
CARLOS	GUILLERMO	MARIO	
DANIEL	JAVIER	MIGUEL	

Nombres Femeninos

```
M Y Y X H N X L R O S A R I O T C M
V O A M X A J R U C N P A U L A S E
I Z N N D K N X S C C A R M E N U R
E D F T T F R A N C I S C A M J M C
S B O L S O M N H B R A P N A O I E
R M M L A E N I K A E I N Q R S R D
L N S A O U R I X J I A S E I E E E
X U O A R R R R A M C U T T A F N S
N A V B R T E A A T W X G R I A E S
M N G K B A A S Q T G D N I I N S E
R A Q U E L J E L E N A Y F F Z A A
W M I S A B E L O A N A X M Y N I M
```

ANA	ELENA	LUCIA	RAQUEL
ANTONIA	FRANCISCA	MARÍA	ROSARIO
BEATRIZ	IRENE	MARTA	SARA
CARMEN	ISABEL	MERCEDES	
CRISTINA	JOSEFA	MONTSERRAT	
DOLORES	LAURA	PAULA	

Moda

```
I A S Y H E C A S B B N V V U K U L
W C A L K S T L C R K U A I T B S B
U C N B B T A T E M I N N N E O T V
B E D S O A C A S A P I G T N L D C
L S A O T M O C T R A F U A D S Z A
A O L B O P N O I C L O A G E I A R
Z R I V N A E S L A A R R E N L P T
E I A B E D S T O Y Z M D T C L A E
R O K R S O K U T O Z E I H I O T R
L S W W Q N V R O M O S S D A S O A
U H T P V M P A I L L E T T E S S S
D E S F I L E M U L E S A V A I Q L
```

ACCESORIOS	CARTERAS	PAILLETTES	VANGUARDI-
ALTA	DESFILE	PALAZZO	STA
COSTURA	ESTAMPADO	SANDALIA	VINTAGE
BLAZER	ESTILO	TACONES	ZAPATO
BOLSILLOS	MARCA	TENDENCIA	
BOTONES	MULES	UNIFORMES	

Peluquería

```
O Z D T G Z D E P I L A C I O N M T
P H E P O P A M J G E S P E J O X W
E P C E M E F T T I N T E Y O L B U
L E O L I R E B C B T I J E R A S J
U I L U N M I M Z A S E C A D O R A
Q N O C A A T N G L O C I O N L R B
U A R A D N A O T S A P L A C A U O
I D A K E E D C O S M E T I C O S N
N O C L Z N O N P E I N E F Q O U B
R S I J M T Y U K H C H A M P U C A
U N O Z C E P I L L O C D R U L O R
U U N Q P O X C O L O N I A I E X L
```

AFEITADO DECOLORACIÓN LOCIÓN PERMANENTE
CEPILLO DEPILACIÓN PEINADO RULO
CHAMPÚ ESPEJO PEINE SECADOR
COLONIA GOMINA PELUCA TIJERAS
COSMÉTICOS JABÓN PELUQUÍN TINTE
 LACA

Idiomas

```
H S J E L I T U A N O Z Z S W C W Y
O P C P K H F C R K R H B I B G I G
L M H T F F Y R O T K Y O N I A T P
A J E A E I D K A R S S S G E L A X
N Y C I S N A A B N S U N L L E L C
D M O L P L N R L I C O I E O S I R
E Z M A A A E A V B R E O S R X A I
S E G N N N S B D G A M S C R F N O
K I Y D O D R E V E F N A V U I O L
P E H E L E T L A T I N E N S O P L
X M U S Y S A R M E N I O S O F B O
I W I I Z X G R I E G O I Y B Q N K
```

ALBANES	CHECO	FRANCÉS	LATÍN
ÁRABE	CORSO	GALES	LITUANO
ARMENIO	CRIOLLO	GRIEGO	TAILANDÉS
BIELORRUSO	DANÉS	HOLANDÉS	
BIRMANO	ESPAÑOL	INGLES	
BOSNIO	FINLANDÉS	ITALIANO	

Maquillaje

```
P O L V O S D E L I N E A D O R Y P
C R E M A H I D R A T A N T E G M I
O S M O S W B P I N C E L W R R B N
R R U B E R C Y S L A P I Z M Q T T
R B A S E C O L O R E T E V W Y Z A
E U W Y O Q U I T A E S M A L T E L
C D V Z D M A Q U I L L A R S E O A
T B R I L L O P A R A L A B I O S B
O E Z K L A B I A L U R I M E L B I
R M Q I K H Z B R O C H A U B N F O
C Q R X A E S M A L T E Y I B Q O S
G G E S O M B R A D E O J O S H L M
```

MAQUILLARSE	CORRECTOR	LÁPIZ	RUBER
BRILLO PARA-LABIOS	CREMA-HIDRATANTE	BROCHA	SOMBRA DE OJOS
		BASE	
QUITAESMALTE	DELINEADOR	PINCEL	
PINTALABIOS	ESMALTE	POLVOS	
COLORETE	LABIAL	RÍMEL	

Cuidado Personal

```
O R T Y P B J M B P E I N E X H V E
P P I S G G R S A E P N A V A J A D
S E C A D O R A W S S E M F H P K E
K A F E I T A R S E A P R H F O S P
K G E L D E D U C H A J O F H R W I
F L C E P I L L O C A O E N U U K L
G O M I N A X Q E T F O D A J M N A
H O R Q U I L L A U B D B T D A E R
L D E S M A Q U I L L A N T E O I S
C H A M P U Q G Y M C P I N Z A R E
N U C O R T A D O R A D E P E L O D
D D J A C O N D I C I O N A D O R X
```

ACONDICIONADOR CEPILLO   HORQUILLA   PINZA
DESMAQUILLANTE CHAMPÚ   LIMA   SECADOR
CORTADORA DE-   DEPILARSE   MASAJEADOR
PELO   ESPONJA   NAVAJA
GEL DE DUCHA   GOMINA   PEINE
AFEITARSE   PERFUME

Animales

```
K G N S M V C N R L O M B R I Z M C
C N A A T U N E C A Z C C K U C G U
M U P L N T B L R G N C U T V R C R
K D C C L S J Z A D P A A E I A X Z
C E O A O I I H H N O A P R R H C L
O P C N R K N L E P G W T A A V Z A
N Q A G R A W A F I Y O P O J C O B
E N U R T O C K X Z Z D S U J A O T
J H V E O G S H W W L O W T L N R L
O M E J W Y Q O A B L D P W A P M O
Z L L O B O Z O R R O P E R R O O R
H G A V I O T A D M I H A R X X W Z
```

ATÚN	CUCARACHA	LOMBRIZ	PULPO
CANGREJO	CUERVO	OCA	RANA
CARACOL	GALLINA	OSO	VACA
CERDO	GAVIOTA	PÁJARO	ZORRO
CONEJO	LANGOSTA	PATO	
	LOBO	PERRO	

Emociones

```
A T E A B S E J L I B E R T A D P G
A B R A C C O M P A S I O N I G W V
K L U A N E D E V H C U I D A D O S
Y A B R N O P C S C A R I N O O O S
I S C O R Q R T E T U O A E E E R I
N T H B R I U A A M U R S G U U G M
D I I V Y O M I N C P P C V F G U P
C M R L C B Z I L Z I A O C O G L A
H A A L I V I O E I A O T R R O L T
M Q P E R E Z A X N D R N I I Z O I
T E M O R L K P J Y T A G U A O F A
W K A P A T I A X V K O D Q G H K S
```

ABURRIMIENTO ASCO   EUFORIA   SIMPATÍA
ACEPTACIÓN   CARIÑO   GOZO   TEMOR
ALBOROZO   COMPASIÓN   LASTIMA   TRANQUILIDAD
ALIVIO   CUIDADO   LIBERTAD
AÑORANZA   EMPATÍA   ORGULLO
APATÍA   ESTUPOR   PEREZA

Corrida

```
B I H F Y D B P M O N T E R A X M R
A A P L U P O A L A N T S A F R S U
L S M R Q I S M N A N X O M Y W O Y
G I U E L C V E I D Z O M R Q J M X
U E L S I A Z E N N E A L E E K B T
A N E T M D K C R C G R D E B R R E
C T T O I O O Q A O I U I E T I A N
I O A Q U R L Y B R N E I L T E U D
L S O U R E E R D A E I R N L O Y I
G U D E A S I G W S O N C R W A R D
N Y O C Y B A R R E R A A A O F S O
I U J J C A P O T E C U E R N O S A
```

ALGUACIL	CUERNOS	MONTERA	SOMBRA
ARENA	DOMINGUÍN	MULETA	TENDIDO
ASIENTOS	ENCIERRO	OLE	TORERA
BANDERILLAS	ESTOQUE	PICADORES	VERÓNICA
BARRERA	MANOLETE	PLAZA DE	
CAPOTE	MIURA	TORO	

Soluciones pág. 3-4

```
B . C . M . ENARIZ . . . . R . .
A . E . A . S . . . . L . . . CO
R B S . R . N . T . A . CO . .
B I . P . E . O . DO . B I . AD
. . O G . I H B . PIM . . B I .
BRO . . PCNORIEAOG . . . .
RETI . AIMOE MNGLL . . .
AJE . . O . RLB . U . TOLA . .
ZA . . R . J . O AOL . EO . . .
NO . . . . A . . . . . . . . . .
. . . . . BOCA . CABEZA . . .
```

```
FOCANGURO . . . B . J . . . . .
. AJP HACOYOTE EHU A . . . . .
. NIA IG . O . R I . ELIF PG . .
. . NRN MUO . PIL . I . EE AU A
. . . . T . . PILL . I . SE ANA
. . . L FER A NA . E . O CFNL A
. . . . LAR A . . C . L . AA OD R
. . . . . IPA . . . . E . N IE . .
. . . . . . IGRE . HIPO PO TAMO
. . . . . . . . CAMALEON . . . .
. . . . . . . . . . COCODRILO . .
```

Soluciones pág. 1-2

```
AYER . SL . DECADA . . . . . .
M . NOCHEU . . JH . . . . . V .
E . M . GN . . . UOH . . RO V I
D . DIUE . . . . . . EROVAYI
. MOENS . . AMANECERE . . .
. EMRD . . SEM AN ASR . . . .
DISICO . SABADO DIANE . .
INOL . SABADO FECHA . . . .
AUT . OE . . . . . FECHA . . . .
. . . O . . SMARTESTARDE . .
```

```
. . . . . . S . M . . ZB . AU R R . .
. LEON . . E . A . CL V TL AU R R . .
E . SPB M AACLV TL A RR AGO S . . .
V . AAC M ROODAAAA RR AGO S . . .
IMG . NM TPCRVRDMLR GA . . . . . .
LUIT P CRV RDM IA ERA ZA . . . . . .
LRR OAL OE DIZN N A GO N A . . . . .
AC OLNOL OED Z N N . CCG . . . . . .
INE DNO NO BDO . . AION . . . . . .
. ADE ANA O . AMERIAA . . . . . .
. OR . A . . ALMERIA A . . . . . . .
. BILBAO . ALMERIA . GRANADA .
HUESCA . . GRANADA . . . . . .
```

Soluciones pág. 5-6

```
........F.R..JOYEROEA
.-DBMPA-FEZ.....SB
.IEAARCGOLA-...PCO
.NNRNMACRTOP..IRG
.NGTOIAAR.AIOJA.NIA
.EIUNDCN.MCGET.TDO
.NSEEEIR.AURREOR.
.ITRRUC.IR.RLAOR.O
.EAOOTE..CHOFEROO..
.R.MEDICO.-REPORTERO..
```

Soluciones pág. 7-8

```
N..NAVEGAR.....CV
A-.TOMARELSOL..AA
D--BUCEAR..........LC
AHELADOVIAJAR-.OA
R-MAR-ORILLA-RC
PLAYACAMPARBIKINI
FRUTA-LONESCORTOSN
PANTA-LONPARQUE..E
..AIRE-ACONDICIONADOS
....VENTILADOR.
........SANDALIASARENA.
```

```
CME...RMERCADOA....A
EUS.....GEB-L...
RST....-T-IPARICM.
VEA-LFT-E..ASOBAA-.CE
EODIOAP.N.-NOPLFCE.
COIBFURO.M.-ALUIEESC
EORIRCA-.-DIEOTNC-U
.ER-CAN-.AIENRTERE.
.I.A.INT.-CCRETECIL
....AE.....IIROCI-A
.BANCO....HOSPITAL.
```

```
TVUELOSOBREVENTA..-E
RLLEGADAS-N.-IASRO.
ID-CONEXION.-CIASRQU
PE-TURBULENCIA-.SRO
USA-PUERTA-SO.TIP
L-PDM-SOBREPESO.-RA-A
AEUA-CINTURON.-RP.AA
CGAL-ATERRIZAR-JSRJ
.IANE-SALIDASPILOTOE
ORA....-..RESERVA..
.N.....-AZAFATA..
```

Soluciones pág. 11-12

```
B E L G R A D O S · R D O · · · · · · ·
L V A R S O V I A · A · I U S · · · · ·
· A · · E · · · · · R · G B L · · · · ·
· B V · · S L I S B O A · A L O · · · ·
B Z U · A M S T E R D A M J I · · · · ·
E S A D L · O V T · P E · N · · · · · ·
R O G A E · · C I A · A V · · · · · · ·
L F · R P T · R O E L N L · R O · · · ·
I I · · E E A · O · M · A I · I S · · ·
N A · · · B S · T · Á · N · · · · · · ·
A T E N A S · · · · · · · · · · · · · ·
· L O N D R E S · M O S C U · · · · · ·
```

```
P A I S N · O B R A C A R A · · U A N ·
· · · · A · B · M M · A G U A · · · B ·
· R U · · T · B O · C A N · U · R D · ·
O E · · U · R · A M · · M · E E · · · ·
S R · · R A · I Z O R · S E · · · · · ·
T T · · A · I D O · · M I R A D A I T O
· R E · L · D E · · · · · · R O · · I ·
· O · · E · E A · · · · · · · · · · O ·
· · · · Z · · · · A · · P A Z · R · · ·
· · · · A · · · · · · · · · · · · · · ·
· · · · D A D O · · · · · A I R E · · ·
```

Soluciones pág. 9-10

```
P · E · P I N T A R · · D · · · D N · ·
E · S R S · · · · · · D · I · · · D A ·
S C T C E O B C · · · · · B · · · O R D
C A I R L U P A O V · · A L I · · U · ·
A N I A I B A L C I C · J · C · J M A ·
R T A B J A U S L I A O · T E A N J A ·
· A R I A R C G T · · L I A O · R A L I R
· R · R R E O O · R R A A R E R · · · ·
· · · · S · A L C · A G · R R E R · · ·
· · · · E · R F A · · J U G A R R R · ·
· · · · · E X C U R S I O N I S M O · ·
```

```
P E L O T A V A S C A · · · · F · · · ·
· · · · S U R F · · · · O · · U · · · ·
· · · P A R K O U R B O X E O · · · · ·
· · T · O · D A R D O S R E M O · · · ·
· · L · · · · · · · · · · · · S A T · ·
· · · · · · · · · · · · · · · S M O B ·
· · · K · · · · · · · · · E S T O · · O
· · L B A L O N C E S T O D E M E S A T
· E K · · · · · · · T E N I S · · · · ·
T A · · · · · · · · · A L P I N I S M O
I · · · · · · · · G R I M A B E I · · L
S A B E S G R I M A · · N A T A C I O N
M T O · P A R A C A I D I S M O · · · ·
O E L · · · · · · · · · · · · · · · · ·
· · · M O T O C I C L I S M O · · · · ·
```

Soluciones pág. 15-16

```
. . MARIPOSACRECERP
. . . CONEJO . . L . LVA
. . . ARCOIRIS . L . MIJ
. . ABEJAO . . . . U . MEA
. . SOL . M . DELLUVIA . VRNRO
. . GOTAS . . LLAST . A . . RNTO
. . SEMI . HOJA . A . PNU . . . .
. . . CARACOL . PARAGUAS . . TD . O
. . . . . . RANA . FLOR . APO
. . . . . . . DERRETIR . . . . .
```

```
. . . COLON . C . . . . . G . . . .
. . . FERIADE . ABRILUP . . . . .
. . . . . IGLESIASBAAC . . . . .
. . MA . . PLAZAS . C . ADRA . . .
. GAN . . TLREALCAZ . RRLUED . .
AED . . . RU . . . . CNT . . IOEDR .
ZSA . . . . . . . . SETASI . OUSR .
PTLR . . . . . . GIRALDAG . VL . .
ARUC . . . . . . SANTACRUZ . I . .
HNI . . . . . . . . . . . . . . . . .
OZA . TORREDELORO . R . . .
```

Soluciones pág. 13-14

```
. . ARMONIA . . LOEOR . F . . . .
. . . ANSIEDAD . DUELOEO . . . .
. . . . SOBERBIANRT . . . . . .
. . . . DIGNIDAD . CT . . . . . .
. . . DALMAMOR . PAVORAA . . . .
. . . . FASTIDIO . TERRORNL . . .
. . . . FURIAENTUSIASMOTZB . .
. . . . CONFESPERANZA . . AU . .
. . . . . . HUMILDAD . IDAD . SO .
. . . . . . . GENERO . . . . . . . .
. . . . . . . . RECHAZO . . FERVOR .
```

```
. . . . . . . CHC . . VGBA . . M . . .
. . . . . . . IOA . . CRM . ILRR . . .
. . . . . . . . . . . . LTPAOAOGA . . .
. . . . . . . . MAENAMLDMAR . . . .
. . . . . . . . DAEMNAEIERI . . . .
. . . . . . . . SN . GMNESIPTOLIT . .
. . . . . . RO . . ASN . INESILOA . . .
. G . R . . . RS . LAVAND . SALL . . . S
AFC . E . O . . MLTPA . . OAAS . . . . .
TRAL . . RS . LAVAND . INESIPTOLIT .
UEL . RS . LAVAND . SALL . . . . . . .
NSALAVA . . . . . . . . . . . . . . . .
AI . . SN . . . PEONIAS . I . SA . . . . .
A . . . . . . . DALIAS . A . S . O . . . .
. . . . . . . . . VEZA . . A . BREZO . .
. . . . . . . . . PETUNIA . . . . . . . .
```

Soluciones pág. 17-18

```
P . . . L . RAMOS . PMC
R . . . I . CLAVOS . IE
O . . G . BRNESSANTOTAIN
C . U . OVIERNESCRUZMCZA
C . . . R . OSCAEGIPTO . . . . .
E A L . . J . . . . . . . NOSGS . .
S R O . . . . . . . HUEVOJOT . .
I . . . . . . . . IDIO . NMCOLATES .
O . . . . . . . NMIERCOLATESO .
N . . . . . . . EAO . . CHOCORRECCION
M . . . . . . . . . . . . RESURRECCION
E . . . . . . . . . . . . . . . . . . . .
A . . . . . . . . . . . . . . . . . . . .
S . . . . . . . . . . . . . . . . . . . .
```

Soluciones pág. 19-20

```
. . . . . . ASTURIANOLAPON . . . . . .
. . . . . . SERBIOESLOVACO . . . . CP .
. . . . . . MONTENEGRINO . A . . AO . .
. . . . . . . . MALTES . . O . L . AT L .
. . . . . . . . COREANO . D . O . E AAC .
. . . . . . . . ESPERANTO . . . . MLC . .
. . . . . . . . . . BEREBER . . N . AN . .
. . . . . . . . . . . . PORTUGUESESNO . .
. . . . . . . . . . ESTONIOCANTONESNIO .
. . . . . . . . . . . . . . JAPONECHECHENO .
. . . . . . . . . . CINGALES . . CHECHENO .
. . . . . . . . . . . . RUSO . . ISLANDES .
```

```
. . . . . . . . . . . . . . . . . . O . . . . .
. . . . . . FBENDIR . CBM . . . . . . . .
. . . . . . . . . . . . . OA . . . NR . . . . .
. . . . . . . . . . . . . . . . . NGIN . O . . .
. . . . . . . . . . . . . . C . . . GOMB . . .
. . . . . . . . . . L . AC . . . J . . . R . . . .
. . . . . . . . . . . . BALUATA . R . BVNAT A
. . . . . . . . . . . . . BALITJA . . . . . LA
. . . . . . . . . . . . . . ICVOETATAELODBVNIE T
. . . . . . . . . . . . . . . A . NRSELODBVNIE T
. . . . . . . . . . . . . . . . . . . RAFUAIE . NOTA
. . . . . . . . . . . . . . . . . . . . RAFUAIOLNCYLA
. . . C . . . . . . . . . . . . . . . . . . . AKNCYLA
. . . L . B . . . . . . . . PANDERETAIIOLN . . .
. . . PA . . . . . . . . PANDERETA . . . . . . .
. . . I . . . . . . . . . BAJO . ONG . AOEOA .
. . . . . . . . . . . . A . ARPA . GONG . . . . .
. . . . . . OC . . . . . . . . . . . . CARRACA .
. . . . . . . . . . . . R . IPAN . . . . . . . . .
. . . . . . . . . . . . . . N . . . . . . . . . . .
. . . . . . . . . . . . . . A . . . . . . . . . . .
```

Soluciones pág. 17-18

```
. . . . . DIFICILMENTEB . . . D . . . . .
. . . . . LJUNTOMAS . . . AM . . . . . . .
. . . . . LU . COMO . . . . . . . TAM . CAS . .
. . . . . . DETRAS . . . . DANISI . . . . .
. . . . . . NETGOOD . . . AENTIGOAD . .
. . . . . . F . BTOOD . AVI . . OPEGUUDO . .
. . . . . . . . ARBUNA . . . CUA . HEA . LO .
. . . . . . . . JRBUN . A . I . A . HES . LO .
. . . . . . . . . . ODINA . D . A . HE . A . LO .
. . . . . . . . . . EEC . A . . . . . ES . LO .
. . . . . . . . . . . NA . APRISA . . SOLO .
. . . . . . . . . . . E . . . APRISA . . SOLO .
```

- 105 -

Soluciones pág. 21-22

```
V · C B A N O · · · · · · · · · ·
· E · · · T E R R A Z A · · · · S ·
· · · · D · S O T A N O R A · · · ·
· A G · · T E R C O M E D O R A L ·
· · S · · R R I P S T E C H O · O N
· · · A · · · B A V O S A T · · · ·
· · · · J · · · U R A T T · R · · ·
· C I E · · · S · E L E N · D · · ·
· · · N · · R T · · L · O D · I · ·
· · · N A · · O D E · · · · · O · ·
· · · · · · R I · · · T I M B R E ·
· · · · · · · N · · · · · · · T E J A
· · · · · · · · · C O R R E D O R ·
```

Soluciones pág. 23-24

```
· · · · · · · · · · · · C · · P S ·
H · L · · · · C · · · H B · · E O ·
· A · I · · G S · A A · · I I · · L M
C A M · B · A A · · F L · R O · L O B
R A N R · A C A · · N U R · A V · I E T R
· · T C O O · N C R · · S A · V · · R U · A I
· A A R S · P C B E · · D V · I · N I · A A L
· · · K · A L O N A · · A · · G N · I · R A
· · · · E · · A L A · · E I · · U I · R · ·
· · · · · L · · A S D · · S D · I · M A R ·
· · · · · · · T O A L L O A · · T · · O · ·
· · · · · · · B A N A D O R L S · · O · · · ·
· · · · · · C A M A R A S T R I L L O O L Á S ·
```

Soluciones pág. 21-22

```
A C E I T E D E O L I V A · P P · · · · · ·
· S C E · · · · · · · · · I A · · · · · ·
S I D R A · · · · · · · · M N E · · · · ·
· H A R I N A · H S · · A · · P · I E C · · · ·
· · · · A · L · C A · · M E C H · N I L · · · ·
· · · · · · · · · · · · A · R E P C · · N A L O ·
· · · · · · V I N A G R E · B N Z A I T L O · · ·
· · · · H · P O V I N · · · · B R O E U N A L O ·
· · · N A · · · · · Z U C A R O E L M O · · · · ·
· J T A E · · M V · · O H · · · · E N · · · · · ·
· · · · · · · · · · N E C E R V E Z A · L O · · ·
· · · · · · · · · · · · · · L L A C A C A O · · ·
· · · · · · · · M A N T E Q U I L L A C A C A O ·
· · · · · · · · · · · · A G U A R D I E N T E · ·
```

Soluciones pág. 23-24

```
· · · · · · · · · · · · · · · · · · · ·
· · · · · · · · · · · · · · · · · · · ·
I L · · · A · · A · · E B · · · · · · · ·
· M A · · B · M · · D U · P A N · · · · G · ·
· · V P N · E I · · S P · L A I N · L · O ·
· · A · R G · U S · R D T R D C L I O L G ·
· · · N G E U · I A D O E E A N G A O · · ·
· · · · O L · M · · T · U · O L D · J N R A O
· · · R I · C · · T · A · · N · L Á · N T · ·
· · · · · · · · · U · · R E T E N S P Ú J O R · N A E · O ·
· · · · · · · · · R E T E N S · A P E G O · D O B L E Z ·
```

Soluciones pág. 27-28

```
T . . . . . . . . PARABOLA . SC
R . MEDIA . LUNACONO . CEI
I RECTANGULO . IUMR
A . CRUZPIRAMIDE SAIC
N . . . PENTAGO NODCUL
G U . . ESTRELLA . SRIL
U L . . . ROMBO . . CARO
L . . . ESQUINAV . EDC
O . PARALELOGRAMO . U
HEXAGONO . ELIPSEO .
. . . . . TRAPECIO . . .
```

```
DINAMO . ACOMBAR . A . . .
. . R . E . I . S P . L . O . P . U .
. SEP . E . V . P . J . O . N . R . .
. EFRJ . EP . R . REU . R A . .
SN . EO . J . RALR . EVR . DOR .
OO . FRJ . TBEE . VR . A . R . A
PR . JEOS . IIXN . D . LR . A .
EIOCB . ERLED . RAMI . E . .
RA . TA . . O . RAJ . JUGLAR
AL . O . . EROS . A . . . . . .
. SALIENTEOKAPI . . .
```

Soluciones pág. 25-26

```
H . CVISITAR . MENU . E
. ADESAYUNO . BILLETEX
RB . . A . SALUDOS . DADO P
. . DISPONIBILIDAD . . .
RS . . DESPEDIDA . . . .
AE . C . HGUIA . VUELTA . . .
. RC . HO . PASAPORTE . . .
. VIO . TALMUERZO . BRE .
A . . N . E . CAMBIAR NOMBRE .
S . . . . E . . . . . . . . IDA .
. . . . . . SBUENVIAJE . . . .
```

```
MATEMATICAS . . . . . . . I
GEOGRAFIA . A . . . . . . . N
B . FILOSOFIA . ARTE . . G
. . ROUITECTURA ARTE E . .
O . . CONTABILIDAD N . . .
L . . CIENCIAS FISICA . . .
E . . . CONCIO MIA . URI . .
O . ASTRONOMIA . TURAI . .
G . . GEOLOGIA . LITERATURA . .
A . . . HISTORIA MUSICA . .
. . S . AROUEOLOGIA . . . .
. . . AROUEOLOGIA . . . .
```

- 107 -

Soluciones pág. 29-30

```
V S . . M A . I . . V P A Z . . . . .
I . O . I P . . N . A . . . . . . . .
T . R . P . N S A E . C . . . B . . .
A A R P . D Y . E L N L I . A O . . .
L L S I G R O O . G E V O O I A O N E
I A . U S O E . U G I G . L P N D S .
. D R . D S T B S . R R D R O . U E D
A M . . E T E A I D I O . S G A T I .
D A . . . S A Z O D A A . . . I O D M
. . . . A F E C T O O D . . . O N . A
. . . . S O S I E G O . . . . . . . .
```

Soluciones pág. 31-32

```
. . . . . . . . . . . . . . . C . . .
. . C . E S T A D O S U N I D O S . .
. C E O . . . . M E X I C O . B F . .
. R G B R E . . G R E C I A . . . . .
. O I J R E . A R G E N T I N A U I .
. A P J A A . B A T . U O . . . N P H
. C T . P S D L E U O . . . N . G . I
. I O . . O I E A . L S N . L O T . L
. A . . . . M A R R U E C O S S U . .
. . . . . . . . . C H I N A . . R . .
. . . . . . C U B A . B A H A M A S I N D I A
```

Soluciones pág. 33 (arriba derecha)

```
. . . . . . . . . . . . . . . . . . .
. . . . . . . . . . . . . . . S F . .
. . . . . . . M E S A I R . . . . . .
. . . . . M E S A . N C H A L E . S .
. . V A S O . . P L A N C H A D O R L G S . .
. . N E V E R A . . . F R I G E R A D O R . . .
S . . . . . . O R N O . P L E R A Z A . . E . . .
E . . . R . V . . . O R E F R I G E R A D O R L G S . .
R . . . T . T H O R . . E R A . . O C H A R A B U R E T E . . . .
. . . . I . T E R N . . . C H A T A B U R E T E R A . . .
. . . . L O P N . . . E C U . D . O F O G O N . G R I F O . . .
. . . . E L A . . . L A L . . . E C U . D . O F O G O N . . . .
. . . . L T . . . . A O . . . . . . . . . . . . . . . . . .
A A O . . . D E S P E N S A . . . . . .
. L I B R O . . . . . . C U C H I L L O
```

Soluciones pág. 33 (abajo derecha)

```
. . . . . . P P . M E . . . . . . . .
. . . . . . P . A L . . . H I . . . .
. . . . . . . P . N U . L . S A . . .
. D . N . . . . P . E . R D . T O O . .
. H E L . X P . . E . D . . R D . I O O . .
. . H E L X P . . E . D . . R D . I O R E N . B E O . .
. . . H R F . O . S S . . O I R E . D C B O O . . .
. . . . A H R F . O . L T N . E O I R E N . B E O . .
. . . . . . . O . E . R . I E O . R O U . O O . .
. H A . D . . H O . T N . E O I . . . U . . . .
. . . . . . . L E . S M . E . A . E N . . .
. . . . . A . . . L . E . S M . E . A . E N . .
. . . . A N Q U I S E . . . . . . . . .
A R E S . . . . . H E S T I A . M E D U S A . . . .
```

Soluciones pág. 35-36

```
. . C U R L A M E R I C A N O P . B .
. . . . M . . A B I S I N I O . . E . A .
. . . . . A . . A Z U L R U S O . . R R L .
. . . . . N . . S N O W S H O E . . . S A I .
. . . . . B X C H A R T R E U X . . . A G N .
. . . . . . . O . . J A V A N E S . . . D D E .
. . . . . . . . M K O R A T M A U E G I P C I O . S .
. . . . . . . . B . . . . . S I A M E S . . . L . . .
. . . . . . A . B O S . Q U E D E N O R U E G A L . . .
. . . . . . Y . . . . . . B E N G A L I . . . C A T . .
. . . . . . . . . . A N G O R A T U R C O . C I C A . T .
. . . . . . . . . . . . . H I M A L A Y O . . . . . . . .
```

Soluciones pág. 33-34

```
M A E S T R O . . . . P . . . . . . . .
. . P R O F E S O R R . . . R U . . . B . . .
. . . R E G L A P I Z . E . A . . E . B R .
. . . . S C L A S E T A R E A . . B L A .
. . . I E M O C H I L L A . D O R A I P . .
. . . R B M . C A L C U L A D O R A . . . . G .
. . . . S E R E . A L U M N O . . . . . . . . .
. . . A . C . . E . . . D I P L O M A T D O R .
. . . . . . . . L E . R T . . P L U M A . . C R . .
. . . . . . . . . O S . O R . . E X A M E N . A A . .
. . . . . . . . . . N O . . E S C R I T O R I O C U R S O .
```

Soluciones pág. 35-36 (derecha)

```
. . . . . . . . . . . . . . . C A M .
. . . . . . P B . L . P . T P T . . . A L M . .
. . . . . . A A B O T A I E A R . M E L B A L .
. . . . . . . . S N L T . N L E N B E . C A N Z A R . . .
. . . . . . . . . . . M E O E P T E M E L B O T . H N A R .
. . . . . E . O C M E . U O R A R P T . . C A N Z A R . . .
. . . . . . . O U A R I T A L . . . R T E . . . H N A R . . .
. . . . . . . I N R I L E A . . . L O R R T H A Z A R . . .
. . . . . . . . P A C A L A A . . . M A O E . C A R . . .
. . . . . . . O S A T D O R R . . U C A R E I . . . . . . .
. . . . . . . . . . . A O . . . . . . L L . T I R O L I B R E .
. . . . . . . . . . . . . R . . . B A L O N . T N . . . . . .
. . . . . . . . . . . . . . . R E C H A Z O . . O G A N C H O .
```

Soluciones pág. 33-34 (derecha)

```
. . . . . . . . . . . . . . . . S . . . . . .
. . . . . . . . . . . . . . O . . G C H . . . . .
. . L B . . B O R Z O I . . . . . N . . O L S . . . . . .
. . . O O . M A S T I N E S P A N O L . . G C . . . . . . .
. . B X . . C O C K E R . . . . . . . O H . . . . . . . . .
. . E E . . P E R R O L O B O . . . . . L N . . . . . . . .
. . . R R A T O N E R O F R A N C E S . D A U N . . . . . .
. . . . O . . B R A C O F R A N C E S . . D A U N . . . . .
. . . . . . . . . . . . B E A G L E I R O . . . D O E . . .
. . . . . . . C A N D E P A L L E I R O . . . D O R . . .
. . . . . . . . . C O B R A D O R D O R A D O R . E . . .
. . . . . . . . . . . B O Y E R O D E B E R N A R R . . .
. . . . . . . . . . . . . . R O T T W E I L E R . . . . .
```

Soluciones pág. 37-38

```
G · · E P I T A F I O · · A
M U A N I · · C I N I C O · L
· O I S D N · · · · · · · M M
· · R N E O J M E N T E C A T O U A
· · · · T O R M U A P V I N · P A
· · · · · A L C I R S U A · · E R A
· · · · · · J I T I E J N O · R E N
· · · · · · · A · O O A C O · H · A Z A
· · · · · · · · · · · · T A R I O · R A
· · · · · · · · · · · · E M U S A · M E R M A R
· · · · · I M P E T U
· · E M B O Z O
· · C O N T E S T A T A R I O · R A
· · P O R T E M U S A · M E R M A R
```

Soluciones pág. 39-40

```
· · · · · · A G U I L A · · C · ·
· · · · · · · A L C E · · · · A B
· · · · · · S A R D I N A · · B L A
· · · · O · · · C I G U E N A · I A B O
· · · · L I C M · A O · · P · C M O S
· · · G U E · · A O S · · · · · · H A S
· · A S R V · · · T O · · C A B A L L O R A
· · · T C V · · O V E J A O · R I · T V I O L · ·
· · O O · · · · G O R R I O N · T · · · · · A
· · · G · · · · · R A T O N · · · · · C A M A R O N A
· · · · · · · · B U R R O · · · · S E R P I E N T E
```

```
· · · · · · · · · · · · M E R C · · · · · ·
· · · · · · · · · · · E C D E D · · · · · · ·
· · · · · · · · · · N A E F E F M · · · · · · ·
· · · · · · · · P G O T P M E P U E R · · · · ·
· · · · · · A · · · C I I O C R S R C · · · · ·
· · · · · R P A O T C I R D T R T E I O A · · · ·
· · · I · · · E P A S T E O I A R D T A I S O A D O · ·
· · C I · · N R · · C R S P V M E A A I S V I O · · · ·
· R O N T F · L C U E E I O I D D L I O N · · · ·
E R T E P E · A · E O P H I O E N T E G M · · ·
G P E L · R V D C I · S P V D I O N D · A O · · ·
A O R V A C U N U O D A · T O G M · · ·
I A E · · D E I N D · A · D · O · · · · · ·
C N · O N N · N A · · A O · · · · · · · ·
S I T D A · D · O · · · · · · · · · · ·
· · O N R · D · A O · · · L · · · · · · ·
· · D E F L A C I O N · L · · · · · · · · ·
```

```
· · · · · · B · · · · · · · · · ·
· · · · · · T · · · · · · · · · ·
P I · · T R I S T E · E C S · · · · · · ·
E · · M · · · · · C N O O S I T · · · · · ·
N · P E · · · · N A N R E E R A Z O · · ·
· · R · · O S F N A M F P R I E N O U · · ·
S A · V E S · L O E M L A S O R N E A N F U L · ·
· · T R A V I E S O B I Z A D A D N E I L · ·
I · · · V O · · I R Z A D O D O D I R L O · ·
· · · · · · · S N · O · O D I · M O · · · ·
· · · · A G I T A D O S O · A · · O D O · ·
· · · · · · A N S I O S O · · · D · O · · ·
· · · · A B U R R I D O · · · · · · · · · ·
```

Soluciones pág. 43-44

```
· · ·    · · E L O · · · · · E
· L A N U R A · A · A C H U E L O · · · · · E S T
· V O L C A N · R I A C H · A A B D · · · · · · ·
· · · · · · · · O A · C R N A E I · · · · · · · ·
P · · · · · · T · A N · E R O T H S · E S N A · ·
· A · · · · · · · A N C I L A E R I I · · E N A · ·
· · N · · · · · · · · · I L A R · · A N · G D L N ·
· · · T · A N · · · O · · F L D T · · · A E A Q U ·
· · · · A · · · I M A · A E A O · · · A · R G U ·
· · · · · C · · · · · · N A · E · · · S I E R R A S O E
· · · · · · · · M O N T A N A · · · · · · · · · · ·
· · · · · · · · F A L L A · G L A C I A R · I S L A
```

Soluciones pág. 43-44 (derecha)

```
· · Z A P A T O S M I T O N E S · · N · · · · ·
· E N E R O · C A L E F A C C I O N · E N · · · ·
· · · · · · T E M B L A R · L O · S I E V · · · ·
· · · P A T I N E S D E H I E L O · A T E · · · ·
· · · · · · N E O P O D I E V E · · · B A C E · ·
· · · · · C O P O D E N T E S · O U I A R I O · ·
· · · · · · G U A N D A E S O U I A R I · · · · ·
· · B U F A N D A · E S O U I · F R I O G O N · ·
· T R I N E O U E T A · H E L A R · · · · · · · ·
· C H A Q U E T A · H E L A R · · · · · · · · · ·
· · E S T U F A · H E L A R · · · · · · · · · · ·
· · · · · E S C A R C H A A · G O R R O · · · · ·
```

Soluciones pág. 41-42

```
· · R A P A D O R · · · · L A C R E · · · · · · ·
· · · O A · I · · · J · C E J O E · · · · · R E ·
· · · V E D A R R T · · · O · · · · T O · L · · ·
F C H · · · · · · · C O M P A R T I M E N T O · A
A E · · · · · · L A M P A R O A · R R · · M I · ·
B N R · · · · U D · · · · S U B I D A · · · C · ·
U D O · · I · B · · C R A N E O · Z O D · · O R ·
L R I · · A · · D · · · B A R I O · · A O · · · ·
· A C · · D · · · · · · L · O C U C I O N · · · ·
· · U · · · · · · A M E R I C A N A · · · · · · ·
```

Soluciones pág. 41-42 (derecha)

```
· · · · · · · A S T R O C M · · P · · · · · · · ·
· · C O M E T A · O E L A · · · · · · · · · · · ·
· · · · · · · · N T E A · · · E · · · · · · · · ·
· · · C O G A L A X I A · S N · E P E T · · · · ·
· · · · · · · · · · S · O R C A T A · · · · · · ·
· · S · · · · · · · · O L E R C A · · · · · · · ·
· L · U N T E E G A L A X I A · S O L L I L C A · · ·
· · V T P A B R P O U · · S L I C A T I O · · · ·
E S U P A B R P O U L · S O L · L I L C A · · · ·
· V T P A B R P O U · · S O L · L I L C A · · · ·
O C E R N E R U L N A D S S E A · C O P O · · · ·
· · · · B M I U S L O S S E A · C O P O · · · · ·
· · · · T L · A O · A V A A · R I O S · · · · · ·
· · · · · · S A T E L I T E · · · · A R · O N · ·
```

- 111 -

Soluciones pág. 45-46

```
· C E L E S T E · S I E Ñ A · · N · T · · · ·
· C · · O · · · · · · · · · E V U · · · · · ·
· · · · C I A N · · · · · · · G I R · · · · ·
· R · · B L O C A Q U I · · L R O O · · · · ·
· O · · · R A C · · · · · · I O U E · · · · ·
· J V · B B E V R G A M A R I L L O E S · · ·
· O · · E E L A E R · · · · · Á · T S · · · ·
· · · · · R I A · N I · R O S A · · A A · · ·
· · · · · · · D S N · D · · · · · · · · · · ·
· · · · A Z U L · E · C · Á · · N · · · · · ·
· · · · · · · · · · · · · · · · · · · · · · ·
· · · · · · F U C S I A · · · · · · · · · · ·
```

Soluciones pág. 47-48

```
· · · · · · · · · · · · C E R E Z O · O · · ·
G · · · · · · P · L · C · · · · · P A · A L ·
R · · · · · · A · I · C · · · · · · L L · B I
A · · · · · · L · E P M A · · · · · A A · E V O
· · · A C L · · · N R T O S · · A M · · D O ·
· · C O M · · C E · · · I N T · M · · · · U ·
A P A C · · · C I S · · · L E A O C U · · · ·
· · C O C O R A · · · · · · O R N · E L · · ·
D O N I T A · · · · · M A N Z A N O · D · · ·
O · · A E · · R O · · · N A R A N J O · R · ·
· · · · · · · · A L G A R R O B O · · · · · ·
· · · · · · · · · · · · · · · · · · · · · · ·
· · · · · · H I G U E R A · B A O B A B · · ·
```

```
· · · · · · · · · · · · · · · · A · · · · · ·
· · · · · · · · · · M A R C A R · T · · · · ·
· C T J U G A D O R · · · · · R O S A · · · ·
· A P A R · J G O L M · · · · · · · · · U · ·
· F A M D A R · C O M P A Ñ E R O S · · P E ·
· I R · E R J C · · · · A · · · · · B · E · ·
· C T · S E F R B E A · · P U · · · E · L · ·
· H I E R · S A R I T · · · A I · · N Z · O ·
· I · O D T · A O L O T T R R T · · Z · · A ·
· H O N O A · · B U I A O O A · · A J N A · ·
· · · · · · D R E G A T E N N S · · O · · · ·
· · · · · · · O P O R T E R O A A · · · · · ·
· · · · · · · · · · V I C T O R I A · C O P A
```

Soluciones pág. 91-92

```
· · · · · B O C A D E D R A G O N · · · · · ·
· · · · · · · · · · · · · · · · · · G · · · ·
· · · · A Z U C E N A · L A · · O N A S A B E
· · · · · · · · · · · · · O T A N A S R E D G O N
· · · F L O R E S D E L O T A N I D E A · · · ·
· C · · · A L F A · O R Q U I D E A S · E O · · ·
· A · · · · · · G I R A S O L E S C U · N I · ·
· L · · · · · · H I B I S C U S · · O R Á · I I · ·
T A V · · N · · P A S S I F L O R A · · · A A · ·
O J E · L · T · · N A R C I S O S · · · · · · ·
· · · · O L · T · · · R O S A C H I N A · · S ·
· · · · · · · · · · · · · C R I S A N T E M O S ·
```

- 112 -

Soluciones pág. 49-50

Soluciones pág. 51-52

Soluciones pág. 55-56

```
S H O R Q U I L L A M . A . . B C
. . . I L L A N T A M . A . R M . I A
. . C C L . . . . N B A O . C D . .
. R A U L . I N P I O D R C T I E .
. . . U M B I . J U E L R I T A I C N
. . . . . . . E A I N . A B D L D O I M M L A . . . . .
. . . . . . . D R E . R A A I S G B B E T . . . .
. . . . . . . . . A A R I R L . U I R T . .
. . . . . . . . . . . T O E L . A O E E A . . .
. . . . . . . . P I N O N E S T R E L L A S . O . D O R .
. . . . . . . . . . . E S T R E L L A S . O . D O R .
. . . . . . . . . . . . . . . C I C L I S T A . . .
```

```
. . . . . . . . . S T . V . . C . P
. . . . . . . P . M N . O . . . . . A
. . . . . . B A E . M E U . L A E N D . R
. . . . A . . B O N U P . A G B M L A E N . A
. A A . . B O C G M U . T U O A S M D . P C
. C R B A C T I O A E L R D R N I B U P . H O
. E A . L B T I O A E L R D R C T E R C E H O O
. . L E R E N A . T R L I O C E T E R C E H . O O
. . . R I R A . I T A C C E N A I . G R J O U
. . . . . A S I A . . C A V U U S A . O U E U E S
. . . . . D A A . . O . E L R C S . . E . . .
. . . . . O S . F A R O . . S A V A . . . .
. . . . . . R . . F A R O . . . A P . . . .
. . . . . . P L A C A . . . . . . . E . .
```

Soluciones pág. 53-54

```
. C D . F . E N C O N T R A R . C . . . . .
. L I E . . . A . . D D P . R . . . . . .
. R I S . R C . . L . O E O E . U N . . .
. R E T . R E A . B . . O C R N D E . . . . .
. . . . . . . . . . Q U E E D I A . A . . . .
. C N A . . . O C C . A . R P R I R C E R R . . .
. . T F . . C C A C R . P L C A A N . . . . . .
. . O E A . . A M L I E U A P L C H A A N . O . .
. . . . . C A R O R . N J . A N E N O G R N . . .
. . . . . . . . . . . I O O . U S A E . R . . .
. . . . . . . . . . . L . I Z Q U I E R D A . .
```

```
A U T O B I O G R A F I A . . L . E F . . . . . . . .
T R A G E D I A E L E G I A . . . . Y A . E B E N . . .
. D E . M E L O D R A M A . . E N U N S . . . . . . .
. . . . C U E N T O . P O E S I A . C E N U N . D L S . . .
. A R . P O . D . P R O M A N C E . . I A . A A A Y O . .
. . P A I D . A . O M S A O . C O M E D I A . . . . . .
. . . . . E P I L O G O . C O M E D I A . . . Y . A . . .
. . . . . . H I M N O O S A T I R A . G . . . . . .
. . . . . . . . . N O V E L A E G L O G A . . . . . .
```

Soluciones pág. 57-58

```
.HTRACTOR.-.-.-.-.-.T.
AHOZZOQUETA.-.-.-.SRJ.
.-.-.PALA.PICO.-.IAE.-
.HAZADA.-.-.DORESRA.-.
ACTRASPLANTADOR.RTA.-.
.-.-.REGADERAFRETILLAI
.-.-.ALMOCARRETILLA.-.
.B.-.-.-.-.MACHETE.L.-
.-.ARADO.-.-.AZADON.O.
.-.-.-.-.-.GUADANA.-.-
.-.-.-.MANGUERA.HORCA.
```

Soluciones pág. 59-60

```
.-.-.-.-.-.-.-.-.-.A.F.
.-.-.-.REGULAR.-.-.DOLE
.CANTIDAD.TODO.-.-.-.EN
.-.-.-.CONFORME.-.SG.-C
.-.RECIENTEMENTE.OOAMCO
.-.-.-.-.-.MALLI.-.LAYMER
.-.AHORA.-.JU.-.ADEERCA
.-.-.-.BA.DESPACIO.MRRNC
.-.-.-.-.A.-.-.MH.EE.-A
.-.-.-.-.J.-.O.-.AO.NDL
.-.-.-.-.-.FUERAS.TE.-.
.-.-.-.TEMPRANO.-.E.-.-
.-.-.-.-.-.CASI.-.MEJOR
```

```
.-.-.-.-.-.-.-.VETAS.H.-
KIWISI.-.-.-.-.-.-.-.EA
MANTASMDOSETAS.-.REDL.-
.ZORROSPIC.-.-.HEDL.-.-
.-.-.A.YSR.A.ESTU.JOSRL
.-.HERSEYSRF.RFU.JFEOW.
.-.-.-.BOTASD.MRB.ARDW.
.-.CALABAZA.ILLO.ARSIOE
.-.-.MANZANA.TRILLO.CEAN
.-.-.-.-.LLUVIA.A.L.BER.
.-.-.-.-.CHIRIMOYAS.LS.E
.-.-.-.-.BOSQUE.-.-.-.-.
```

Soluciones pág. 61-62

```
.GALLETA.POETISA.-.-.-.T
.ASOMAR.-.BALLET.-.U.-.O
.-.-.-.BRICOLAJE.-.N.-.T
.BARROQUISMO.-.-.RATOO.-
.-.-.GNU.FUNERARIO.-.-.-
.-.DESMESURADO.RECESIVO.
.-.MBROMEAR.COMPARTIR.DRO
.-.-.-.-.-.-.-.-.RECESIVO
.-.-.U.-.-.-.-.-.-.DIEDRO
.-.-.RO.-.-.-.GORDO.-.-.
.-.-.-.-.-.DRAGA.CONFUNDIR
.-.DIVERGENTE.OHMIO.-.-.
```

- 115 -

Soluciones pág. 63-64

```
C A R I L L O N . . . . . . . . . I . . B . .
. . . . . . . C L A R I N E T E L . . . . I . .
G . . . . . . . . . . . . . . . . . . . . . L B . .
A . . . . . . . C A N U E L A S . . . F M . A N
. C A S T A N U E L A S . . . F M . A N
I K A L I M B A . . . . . . . A N T A R A D O
T . O R G A N A . . . . . . . A N T A R A D O
A . . . C A M P A N A . . . A . . . . T L . .
. . . . . . G U I T A R R A . . . . . . . A . .
. . . . . . . M A R A C A S . O E . . C H E L O
. . . . . . . . . R O M P E T A O B O E . . . .
. . . . . . T R O M B O N . . C A J O N . . .
. . . . . T U B A . . . . V I O L O N C H E L O
. . . . . . . T R O M B O N . . C A J O N . . .
. . . . . F A G O T . . . H A R M O N I C A .
```

```
. . . . . . . . . . . . . . . . . . . . . . .
. . . P U L V E R I Z A D O R . . . . . . . .
. . . . . . . . . . . . . . . . . . . . . . .
. C U B O S R E C O G E D O R . . . . . . R . .
. . . . . . . . A S P I R A D O R . . . B O .
. B A Y E T A S . M O P A N O S . . O N A L .
. Q U I T A M A N C H A S F R E G O N A L .
. . . . . . . . . . . R O D E T E R G E N T E S .
. P L U M E R O D E T E R G E N T E S . . .
L A V A V A J I L L A S . . . . . A
. . . . . G U A N T E S D E G O M A . A D O R
. . . . . . . . P U L I D O R A E S C O B A .
```

Soluciones pág. 61-62

```
E C U E S T R E . . . T P . C . .
. . . . . . . . . . . . . . R I . O . . .
. P O S I C I O N . . B R I D A S T . . N . .
E C A D I E S T R A M I E N T O T R . J . .
D N A . . P A R A D A . S A T R A J . .
O D B F I G U R A S . I . J . . . .
. M U A . E Q U I P O . I C I O T A R . .
. . A R L . M O N T A R . I N T E L A . .
. . . . . S I L L A . O . O . . N T . O D O . .
. . . C O N C U R S O . . G A L O P E . . S E
```

```
. . . . . . . . . . . . . . . . S O L . .
. C O S T I L L A S . . . M O . A O M
. C O C I D A . . . G U E S A O M I
. P E P I N I L L O . H U R G U E . . I N O T . S I
. . . . . . . . . . . G U E . . I N O T . S I
C . B A R B A C O A T O C I N O F R I T A S I . L
B A R . K E T C H U P F R I T A A . L
R . . P I N C H O . P A R I L L A . S O . .
. . . . . . B . N F U E G O E S P A T U L A . . .
. . T O M A T E C O R D E R O . C A R N E .
. . . . . . . E N T R E C O T . . . C A R N E .
```

Soluciones pág. 65-66

```
C · ARROZEMPEDRADOB · ·
H · ACOCIDO · MIGAS · O · L
I · L · DALBON · PRINGUE · L
L P · DÁ · · · BONDIGAS · L O
I · · O · G · · PAELLA · · P
H · · S · T · A · EMPANADA · R
· · I · · · G · · LECHAZO · E
· · · · · · · · LLOASADO · N
· · · · COCHINILLO · · · · A
· · · · · · · · · · · · G · ·
· · · LENTEJAS · · · · · · ·
· · · · GAZPACHO · · · · · ·
· · · · CROQUETAS · O · · · ·
```

Soluciones pág. 67-68

```
· ANGOSTO · · · · ILA · A · ·
· · · · · · · · · · NIC · MA ·
· JALÓN · · · · · · DMR · ORR
· · · · · PITORRI · AENIERR ·
· · · · OMITIRO · M · FOMMRO L
· · · · HOMONIMO · AGRAVIOCNAIL
· · · HO · · AGRAVIO C LONA IL
· · · · · · OBERBECERTGITCA ·
· · ENSOBERBECERTGI A EODO
· · · · CANDIDO · CIA BA TOR
· · · · IMPLICITO · ONL · AR ·
· · · MAQUINACION · · · · · ·
· · APEGOADEMAN · E · · · · ·
```

Soluciones pág. 65-66 (right)

```
· · · FOCACCIA · · · · E · · · ·
CN · PANZANELLA · MS · · · · ·
AO · · BRUSCHETTA · INICA · P · ·
LOU · · · CAPPELLETTI GUI AGU · ·
I · · · · CAPPELLETTINI ARU · · ·
NZ · · · PIADINAPOLENTARETE · · ·
ONS · ENSALADACAPRESERONIS · ·
E E N · RISOTTO PIZZA · · · · ·
· · · · CANELONES · · · · · · ·
· · · · · LASANA · · · · · · ·
· · · · PANSOTTI · · · · · · ·
· · · · RAVIOLIS · · · · · · ·
```

Soluciones pág. 67-68 (right)

```
· · · TASADECAMBIO · · · · · ·
R · · F · ACTIVO · ION · · · · ·
· E · · ADMINISTRACION · FRIBIC
· · NADCSNI · · FR · IBONT · · ·
A DN · U I A N · O I B ONART
DNU · I A · OPCONG · NEONTR ·
E · U · A · IMPCOIBCRIEEGOET ·
B I · L · IETERIEOGO · RE ·
T · · IDAN · ADEESOO · RE L
O PERDIDAN · TLARROO · S ·
· · · · DIVISA · D · O · DO SAL
· LUCRO · · · · SUCURSAL · ·
```

Soluciones pág. 69-70

```
B . D E P O S I T O V . . G G . . . . . . .
A M . . H I C . . A . . A A R . A . . . . .
N . P . . . N O . F L . N S E T . . . . . .
C . R A . N . P V N . I O A T T A . . . . .
O . . E R C O R . C R E T . L R O I R . . .
C M . S E C R . P U E R A . I S R J . . . .
E . . A C A A E R A S S D . O A O E . . . .
N . . . R I M R E . G N T I O . L T . . . .
T E . . I B B I O . N D . O T A M N . . . .
R D . . . O O I O . T . O . A . R O . . . .
A A . . . . . C A J E R O . . . . . . . . .
L . . . . . . . . . . . . . . . . . . . . .
```

Soluciones pág. 71-72

```
. . . . . . . E . . . . . . . . . . Y . . .
. . . . . . . S . . . C O N Y U G E . . . .
. . T I O . . . . N . . P A B U E L O S . Y
. . . . . H S . . U . P O S . . . B E B E O
. . . . H E O . . R P E R . . B E B E O . .
. . . . . . P R B E R S . P A R I E N T E S
. . . . . . . . C R M R P A R I E N T E . J
. . . . . . . . . . C N U I A I . N I E T O
. . . . . . . . . . . . Z N M N . M A D R E
. . . . . . . . . . . . . I N O O A . . . .
. . . . . . . . . . . . . . . O . D . . . .
. . . . . . . . . . . . . . . P A D R E . O
```

```
. . . . . . . . . . . . . . . . R S . . N U
. . . . . . . . . . . . . . . C E S . N O E
. . . . . . . . . . . . . . O . Z . . U V G
. . . . . . . . . . . . . N . . J . . H V I
. . . . . . . . . . . . T . . . . . . . I R
. . . . . . . . . . . E . . . . . . . J A O
. . . . . . . . . . R . . . . . . . N . . .
. . . . . . . . E . . . . . . . . . T . O O
. . . . . . . D . . . . . . . . . . . . . .
. . . . . . E . . . . . . . . . . . . . . .
. . . . . R . . . . . . . . . . . . . . . .
. . H E R E D E R O . . . . . . . . . . . .
```

```
. C R P E L O T E O . C A I D A . . . . . .
. . O A R E . . . . O . . . . A D . . . . .
. . . V R L T . E . . M . . D M P T E . . .
. R . . . E . . M . A . . . O B L . A L . .
. E L A E O O . . . T . . . B I A . O A D .
. C O R T C C . A . T L N . . N A U N E F .
. O . . T I E A L N C O I N . A C P E T E .
. . . . . E A L N C O I N S C H O Y R N .
. F . . . . I A L N . . . T A I O . . . . .
. . Z I . . . N . . . . . O N . . N . . . .
. . . . . . . . . A A . . D O E S O N N . .
. . . . . . . B L O Q U E O . I N V A S I O N
```

```
. . . . . . . . . . C . . P . G . . . . . .
. . . . . . . . . . . . O O P E G . . . . .
. . . . . . . . . . C A . O . L I N R . C .
. . . . . . R M . . A . C . A . C L I . D O S
. . . . . I E . . . O R . A A . I . . U S T .
. . . B O S . . . A R R S A I C I O N E A .
. . . . . . . A . G L . D O B I T N A S T N T
. . . . . R E . R M . O A B I Y O L R S . A A
. . . . . . . A B . . . L G O L O E A . L S .
. . . . . N A . F U S Q . . . N E D T . A . .
. . . . . . C L . O N Q U E R A . A . P R A D O
. . . . . . . O S . . A U R A . . . . . . . .
. . . . . . . . . . E . . A . A F L U E N T E C A N A L
```

Soluciones pág. 75-76

Soluciones pág. 73-74

Soluciones pág. 79-80

```
. . . . . . . . . . . . . . .
. . . . . . . . P . . . . . .
. . . . . . O . . . . . . . .
. . . . . . Z . . . . . . . .
. . . . . . I . . . . . . . .
. . . . . . R . . . . . . . .
. . . . . . O . . . . . . . .
. . . . . . H . . . . . . . .
. . . . . . C . . . . . . . .
. . . . . . R . . . . . . . .

(CAFE, CHORIZO, HELADO, QUESO, PAN, VINO, ARROZ, SAL, CHICHA, MARGARINA, CHOCOLATE, AGUA)
```

```
(VASOS, NAVAJA, TIENDA, OLLA, SILLAS, DORMIR, ROPA,
VARILLAS, CODE, LAMPARA, MESA, HLO, CAGU,
SACO, MARTILLO, PARILLAS, NEVERA,
BOTAS, CUERDAS, PLATOS)
```

Soluciones pág. 77-78

```
(PLATANO, UVAS, LECHUGA, MAIZ, PERA, ESPINACA, SANDIA,
NARANJA, MANZANA, MELON, REPOLLO, ZANAHORIA, ESPARRAGO)
```

```
(CEPILLO, JABON, LLAVE, INODORO, DESODORANTE,
TOALLA, VASO, JERGA, MEDIA, RAURA, DUCHA, BIDE, BAÑERA)
```

- 120 -

Soluciones pág. 81-82

```
. . . . . . . C F I N . . C
. . . . . . . . . . . . . U
. . B . N . . S U E L O . E
. A . I . T . N . . . . . R
. . I . R . . O S O L . G D
. N . O . A . . . F A M I L I A R
. Z . . S A . . F T B . . . . . . .
. . O . . . . . . E A M A N O . . . . . . . . . P
. . . C . . . . . R R . . J N C . A . L P M E S A
. . . . . . . . . . G O . . O O C . H . L I E . .
. . . . . . . . . . C D . . . A . . Z . O . N E .
. . . . . . . . . . O U . . . . . . . . . . . P U N T O
. . . . . . . . . . S D . . . . . . . . . . . . .
. . . . . . . . . . A A . . . . . . . . . . . . .
```

Soluciones pág. 83-84

```
. . . . . . . . C . . . . . . . . . . . . . . . C
. . . . . . . . I C L I S M O . . . . . . . . . O
. . . . . . . S Q U A S H . S U M E R J O A . . .
. . . B U . . R U G B Y . . . . . . . . . . . . .
. . . . I R R U G B Y . E S C A L A D A . T I R O .
. . . . . L L P E S C A L A D A . L U C H A O . .
. . . . . . L I O T R I A T L O N . . . . . . . A
. . . . . A N L B A L O N M A N O . J U D O . . .
. . . . R G O . . . A U T O M O V I L I S M O . J
. . . . . . . . . . . F U T B O L A M E R I C A N E
. . . . . . . . . C A R R E R A . H I P I C A . T E N I S
. . . . . . . . . . . . V E L A . P A R A P E N T E
```

Soluciones pág. 81-82 (cont.)

```
. . . . . . F L O R E S . . . . . . . . S
. . . . . . . . . . . . . . . . . . . R E M
. . . . . R E C I P I E N T E . C . . R O . . .
M . . . . . . . . . . P L A N T A R O . R E E M
A . . . . . . . . . . . . . . . S . . . . G X I
. C R T . . A R B O L E S . A R T . . A H A C L
E O . . . . R E G A D E R A . A . A I D O R A L
T U C . . . . . . P A M R A M A S . Z O J V A .
A I E . . . . . L P E T A L O . M A N G U E R A S . R .
A E . . . . . . . D P L A N T A S . . . . . A S . R .
. . . . . . . . . . H I E R B A S . . T I E R R A .
```

Soluciones pág. 83-84 (cont.)

```
. . . . . . D I C T A D O R . J O Y A S . . . C O R O N A . .
. . . . D I N A S T I A . H E R E D E R O . . . . T O . . . .
. . . . . . R E I N A . . . . . . J E F E . C I A . . R N . .
. . . . . S . . . A R I S T O C R A C I A . . . . . T E . . .
. . . . G O . . . O B A . . . . . I N F A N T E . . . . . Y O A
. . . . . . . . . B E C E T R O . A B S O L U T A . . . . . .
. . . . . . . . I R . . . . A M A N T O M O N A R C A . R E Y O .
. . . . . . . . . . . E A . . . . . . . . . . . . . . . . .
. . . . . . . . . . . . R N . . M I L I T A R . . . . . . . O
. . . . . . . . . . . . . . N I . . C A S T I L L O . . . .
. . . . . . . . . . . . . . . . L U J O . . R E A L E Z A . .
```

Soluciones pág. 87-88

```
- - - - - - - - - - - - - A - O - - - -
- - - - - - - - - - - - - - C O - - - -
- - S O P O R T E M U R O - - - N R L -
- - - - - - - - - - - - - - I O N R L I E
- - - - - - - C O M P O S I C I O - - -
- - - - - - - - - - - - A L - - G L O -
- P I - - - - - P A S T E L - C - - - -
- - - - - - - C I N T A - C U - R R I -
- I - - - - - - N - - - - A - A C A C O
- - - - - O - L I E N Z O - - R A E F O
- - - - - B L A D E - M A D E R A - - -
- - - - - - R - - - - - - - - E - R I -
- P I - - - - - - - - - - - - - L - T -
H I - - - T A B L A - - - - - - - A S I
- G - - - - - - - T E M P L E - X T - - -
- M - - - - - - - - - - - P A P E L - T E C N I C A
E N - - - - - - - - - - - - - V E N - - -
N T - - - - - - - - - - D I S O L V E N T E - - -
```

Soluciones pág. 87-88 (right)

```
- - - - - - - - - - - - - S - - H - - - -
- - - B O D E G O N E S - - - O R - - - -
- - - - - - - - - - - - T O S - - - - - -
- - - - - O R R E T R A T O S - - - - - -
- - - - - - - - - - I O N A - T U R A - -
- - A U T O C O L E C C I O N A - - R A -
- - - - - - - - L E T - - L A - - R A R -
- - - - - - - N T A N - - A U R A S I R -
- - - - - - - I C U L T U R A - - - - - -
- - - V I S I T A - - - - P E R T U R A -
- - - - - - - - E S C U L - - A - M A - -
- - - G A L E R I A - - - - G U I - S I -
- - - - - - - - - - - - - U A D R O - - -
- S T A U D I O C U A D R O - O G I A - -
- - R - - A R T I S T A S - - - T O S - -
- A - - - - - - - - - - - - - - - - - - -
- - - - - - - - - - - H I S T O R I A - S
- - - - - - - - - - A C U A R E L A S - -
```

Soluciones pág. 85-86

```
- - - - - - - - - - - C - - C - - - - -
- - - - - - - - - C C A - - - C H - - -
- - - G U A N T E S - - - - - A L - - -
- - - - F - A L - R E O U L C - - - - -
- - - - - - - E S R E C H A - - - - - -
- - - - - C A M I S A L - D M M B R O T E L -
- - - - C H A N D A L - - A O T I E C O - -
- - - - C A M I S O N A - L U A - N C O - -
- - - - - - B L U S A - L U A - - - - - -
- - - - - - L A N A - S O L E I N - - - -
- - - - G A F A S D E S - L A - R - - - -
- - - - - - F R A N E L A - - A - - - - -
- - - - - C H A Q U E T A - B O T A S - -
- B C - - - - - - - - - - - - - - - - -
A I - - - - - - - - - - - - - - - - - -
T N - - - - - - - - - - - - - - - - - -
B U - - - - - - - - - - - - - - - - - -
O R O N - B U F A N D A - - - - - - - -
B O T O N - - - - - - - - - - - - - - -
```

Soluciones pág. 85-86 (right)

```
- - - - - - - - - - - - - N - - - - - -
- - - - - M N B - - - - E - - - - - - -
- - - - A U E L - - G E L - - - - - - -
- - E - C V L - B P - I A O V E O N - -
- - - - L H E E - L B P L F R S O N - -
- - - - - - E - O V A R A A B O I L - -
- N - - C - - - - - - I N A N - - L I A -
- R G O - A C V L - - - - - N E O C I T - N
O C U E Y - L H E E - - G A - - O - - N -
C H I R E P R E L B P - E - - B L - H O - -
- C E R N S E E - O V A R A A B O I L T O E N N
I B N A M S G - - E A L - - E O C I T - N
O U A - - - - - - G A - - - - J C I T O - -
N E L A G - - - B L - - - - - - - - - -
E N D G - - - - - - - A - - - - - - - -
S A O - - - N A C I M I E N T O - L U C E S -
- - - - - I G L E S I A - - - - - - - -
```

Soluciones pág. 91-92

```
. . . . . . . . . . . . . . .
. . . . A L E J A N D R O . R
. . A . F R A N C I S C O S A
. . N . A G A L V A R O A E F
. I . . . N U T I . C . N R A M . L
. E J . . M E T I . C . M A E I L G . C
. J . . A N . O L . L A R L O G G E I . U
. P V . N R . . N L A R L O . E I L . . A
. V U I O . D I E G . I E R L . U . J . S
. D E . L U . . O . . D . I O R . O S . A . N
. E R R . . U . . E . . . . . M O S . . . N
. . O . . . . . F E R N A N D O . . . . .
. . . . J . . . . . . . . . . . . . . . .
. . . . O . . . . . . . . . . . . . . . .
. . . . E . . . . . . . . . . . . . . . .
```

Soluciones pág. 91-92 (derecha)

```
M . . . . . . . . . . . . . . .
. O . . . . . L R O S A R I O . M
. . N . . . . . . . . P A U L A . E
. . . T F . . . . . C A R M E N J . R
. . . . F R A N C I S C A M J . C
. . . D . . . O L S . . B R A . A O I E . D
. . . . . . . . M L A E N I . A S . R S R . E
. . . . . . . . . S A O U R R I A S T T A F N S
. . . . . . . . . . . A R R R R A E A . R I A E
. . . . . . . . . R A Q U E L . E L E N A . . .
. . . . . . . . . . . . . I S A B E L . A N A .
```

Soluciones pág. 89-90

```
. . . . . . . . . . . . . A M
. . A E . . . . . . . . . R A Y
. . R C S . . . . . . . . I A A
. . E A H T . . . . . . . . D . P
. . S . . O . . T . . C . . . . .
. . . . . R P T I . . E I P R . . . . A
. . . . E I G M O R S E C . . G E N A . P
. . . . . R G M . A I O . . . . . . N S . L . D
. . . . . . . . C A I . . . Z E P A S . . . . U
. . . . . . . . . L G R A . E A T O N . O U . T
. . . . . . . . . . . E E A T . . . . O . . E O .
. . . . . . T E S E O . M E L I S A S A . T . N .
. . . . . . . . . . . . . L A V E R N A R E . U S A
. . . . D . . . . . . . . . . . R E T . S . .
. . . . . H . . . . . . . . . . . . . . . . .
. . . . . . I O N . . . . . . . . . . . . . .
. . . . . . . . . . E . . . . . . . . . . . .
```

Soluciones pág. 89-90 (derecha)

```
. . . . . . . . . . . . . . . G
. . . . . . . . . . B O T E . U
. . . . . . . . R . . . . C . A . N S
. P . . . . . . . S A . . . . R . L . A N O
. . . . . . . A A . . . . C . . . D . P O M L P C A N O
. . . . . . . . . . L D C C A E B . N B A E S N R O
. . . . . . . . . . U O A E B . R P B A L . I C C N A . D
. . . . . . . . . . . R L C E . . . . . B R A I . N C C A . D
. . . . . . . . . . . A E N P . . . U O A I Z . . N . Z H A A R D
. . . . . . . . . . Z N I . . . . . B U E . . . . . R C O I . . . . A R . A .
. . . . . . . . . H I . . . . . . . A . . . . . . . C O A . . . . . . . . . .
. . . . . . . . P . . . . . . . . . . . . . . . . . . . . . . . . . . . . . .
. . . . . . . . . . . . . . . . . . . . . . . . C A R R E T E . A . . . . . .
. . . . . . . . . . . . . . . . . . . . . . . . . M O S C A . D O R A D A . .
```

Soluciones pág. 93-94

```
- - - - - - - - - - - - - -
- - - - E - - - V V - - - -
- - - - A - - U A I T B - -
- - S T L - - N N E O - - C
- B T A T E M - N G T N L Z
C A - - C A S A P I G T N C
N O A C C T R A F U A D S Z A
B E D - T M O C T C L O A G E I A R T
L S A O P N E S L A A R R E N L P T
A O I - O N A E S T O Z M D C L A E
Z R I A - E D O - - - R I L I O T R
E - R O S O - U - - R - L L A S O A
R - - - - - - - P A I L E T T E S -
- - D E S F I L E M U L E S A - - -
```

Soluciones pág. 95-96

```
- - - - - - - - - - - - - C - - - -
- - - - - - - - - B I B G I - - - -
- - - - - B - - B O N I A T - - - -
- - L I T U A N O - N I - - L E L C
- - - - F C R O - S G E L A - - O R
- - - H T - F - R O N L - - - - S I
- - A E I D A R - L I C I O S - R A
- - - C I S N A A B N S - - B R E S - R I
- - - - O L P L N R L - - - A M A N S U
- - - - - - A N N S B - - D E L A T I N
- - - - - - D O D E - S A R M E N I O
- - - - - - - - E - - - - - G R I E G O
H O L A N D E S - - - - - - - - - -
```

Soluciones pág. 95-96

```
P O L V O S D E L I N E A D O R - P
C R E M A H I D R A T A N T E - - I
O - - - - - - - - - P I N C E L - N
- R U B E R - - - - - L A P I Z - - A
- - R B A S E C O L O R E T E - - M A L T E L
R - - - - - M A Q U I L L A R S E - A
E - - - - - - - - - - - - - - B I O S B
C - - B R I L L O P A R A L A B I O S -
- - - - L A B I A L - R I M E L - - -
- - - - - - - E S M A L T E - - - - -
- - - - - - - - - - - - - - - - - - -
O - - - - - - - - - - - - R O C H A - -
R - - - - - S O M B R A D E O J O S -
```

Soluciones pág. 93-94

```
- - - - - - - - - - - - - - J - - -
- - - - - - - - - - - - A S - - - -
- - - - - - - - - - - - R A - - - -
D - D E P I L A C I O N - A B O - -
E - E S P E J O - - - - - D O R - -
P - - P A - T I N T - - - - - - - -
E P C - - - E - T I J E R A S - - -
L E O - - M I - - L O C I O N S N -
U I L R - - L - S E C A D O R A - -
J U L O E - - - - L O C I O N - - -
D A N C - F - - - - A C A - - - - -
O R I C A A T - C O S M E T I C O S
- A N A - - N E - P E I N E - - - -
I D - - - O - D - C H A M P U - - -
- O - - I - - - - - - - - - - - - -
- N - - O - C E P I L L O - R U L O
- - - - - - - C O L O N I A - - - -
```

Soluciones pág. 97-98

Soluciones pág. 99-100

www.ingramcontent.com/pod-product-compliance
Lightning Source LLC
Chambersburg PA
CBHW080926220526
45465CB00008BA/2945